U0910165

SMART DATA

智能数据

如何挖掘高价值数据

比约恩·布劳卿
［德］拉斯·拉克 ◎著
托马斯·拉姆什

王盛男◎译

Björn Bloching
Lars Luck
Thomas Ramge

中信出版集团·北京

图书在版编目（CIP）数据

智能数据：如何挖掘高价值数据 /（德）比约恩·布劳卿，（德）拉斯·拉克，（德）托马斯·拉姆什著；王盛男译. --北京：中信出版社，2017.8

书名原文：Smart Data

ISBN 978-7-5086-7818-4

I. ①智… II. ①比…②拉…③托…④王… III. ①企业管理 IV. ①F272

中国版本图书馆CIP数据核字（2017）第148728号

智能数据：如何挖掘高价值数据

著　　者：[德]比约恩·布劳卿　[德]拉斯·拉克　[德]托马斯·拉姆什
译　　者：王盛男
出版发行：中信出版集团股份有限公司
（北京市朝阳区惠新东街甲4号富盛大厦2座　邮编　100029）
承 印 者：北京诚信伟业印刷有限公司

开　　本：880mm×1230mm　1/32　　印　　张：8.75　　字　　数：150千字
版　　次：2017年8月第1版　　印　　次：2017年8月第1次印刷
京权图字：01-2017-4947　　广告经营许可证：京朝工商广字第8087号
书　　号：ISBN 978-7-5086-7818-4
定　　价：45.00元

目录

SMART DATA

第 3 章　智能数据冠军——选择正确的数据是成功的基础

第二部分 | 智能数据的循环

第 4 章　五步流程实现增值

第三部分 | 冠军企业的智能数据应用领域

第 5 章　更加智慧地接近客户——在合适的时间、以合理的价格、提供所需的产品

第 10 章 使组织更加灵活——选择正确的组织构架、流程和技术

第 11 章 智能化地引进人才和开展培训——正确选择员工

第五部分 | 赢得数据

第 12 章 选择客户真正需要的数字化战略

引言
SMART DATA

以少博多的智能数据使用者

> “如果我们掌握数据，那么请关注数据；如果我们掌握的全是观点，那么请相信我的观点。”
>
> ——**吉姆·巴克斯代尔**，网景公司前首席执行官

规模并不重要

“大数据”中的“大”到底有多大？近年来，技术分析员和IT（信息技术）供应商数量呈指数级增长；拍、泽、尧等量级单位不断被刷新；若将数据储存在CD或DVD光盘中，它们则会从地球一直堆到月球，甚至是火星。由于数据被认为是新的“原油”资源，所以这些指数越高越好。得益于日益廉价的存储设备、更加快捷的处理器和越来越智能化的算法，我们有能力善用这些资源。届时，

数据信息向知识的转化意味着流程优化、更优决策以及全新商业模式的诞生。

啊哈!

然而现在，很多企业被淹没在数据洪流之中，数据并没有给它们带来太多好处。许多企业高管都有种不好的感觉，那就是，企业数字化竞争力的提升并没有像在公司战略会议上渲染“大数据”这一概念时所描述的那样快。他们甚至悲观地认为，“大数据”这一数字革命的时髦概念，前景并没有那么明朗，且弊大于利，令人心灰意冷。

“大数据”就如同一根魔法棒——我们抓取尽可能多的数据，然后，被人工智能操控的机器就可以告诉我们，我们应该通过什么方法、在哪些环节、能够在多大程度上去提高产品的附加值。更理想的是，大数据会告诉我们如何去创造一个全新的商业模式，正如贝宝（PayPal）联合创始人、脸谱网（Facebook）外部投资者彼得·蒂尔先生在“从 0 到 1 逻辑”中阐述的那样。更有甚者，用技术人员的话说，“大数据”就等同于宇宙大爆炸。

数字技术总是开“空头支票”，自卖自夸，承诺的多，做到的少。大数据分析逐渐丧失吸引力，在某种程度上，“大数据”概念的基本理念应对此负有一定的责任，因为在大多数应用领域，数据量的多寡并不是衡量数据价值创造力的决定性标准。

起决定性作用的不是数据量，而是正确地整合数据，物尽其用。

几个月来，在与经理人、IT负责人的交流中，我们发现，“大数据”所描绘的美好图景在企业的经营现实面前遭受重创。数据应用的惨败带来失望，伴随失望而来的是迷茫，甚至是惊诧。与此同时，所有的参与者也意识到，完全不关注数据也行不通。

本书描绘了一条走出“大数据带来的失望”的更智慧的途径。这一途径不仅适用于仍坚信“从 0 到 1”理论的企业、“n +1 组织”，而且也同样适用于那些既有成熟的商业运营模式，又想通过善用大数据分析手段提升业绩的企业。这些企业不认为数据是一种特有的商业模式，而是将数据看作一种核心要素，帮助我们更好地了解客户。相应地，这些企业也不会盯着堆积成山的数据（在这方面，谷歌也许更擅长），更不会去盯着ERP系统（企业资源计划系统，于1995 年被引进，至今仍在不断被拓展功能）。

这种折中路线适用于这样一类企业——它们已经意识到起决定性作用的不是数据量，而是正确地整合数据，物尽其用。我们把这一路线称为“智能数据”。

我们在提及智能数据这个概念时，并不是在用另一个新词去替代一个被滥用的流行语。智能数据既不是一个技术层面的解决方案，也不是一部新的管理真经。

智能数据的出发点是：“在不增加技术、人员和资金投入的情况下，我们如何高效地利用客户数据信息？”其本身就是一种切实可行的方法论。从这个方法论出发，我们可以得出一套不断迭代更新的、在逐步摸索中的、基于假设的行为方式。同数据资源一样，健全的认识也是重要的资源。最终的目的是，在所有智能数据的应用领域，更好地了解客户、联系客户，并借此提升客户长期贡献度。

智能数据的路线分为很多阶段，从一开始，其发展方向就并非一成不变。因为没有人能确切地知道，在未来的 3~5 年间消费者真正需要什么，也不知道哪些技术将获得应用。毫无疑问，企业管理需要不时地调整发展方向。一些具有实验性质的项目可以为我们提供借鉴，告诉我们在未来如何更好地满足客户需求。个别基于系统化行为方式的智能数据项目创建了一套自学习系统，越来越多的人和企业部门通过这套系统来学习如何更明智地应用客户信息。一部分参与者（特别是来自商业领域的参与者）在面对智能数据带来的技术和人员方面的挑战时，并不会持续不断地进行尝试和探索，这是导致所谓的商业“宇宙大爆炸”并未发生的原因。

当这些明智的摸索取得成功时，智能数据项目就成为企业参与数据革命的起点和里程碑。我们甚至也可以换一种理解——数字化变革是自然而然发生的，给我们的日常生活带来帮助，就像智能手机不断增多的功能一样。

成为行业“智者”

一个十分有趣的矛盾是，一个很宏大的数字化愿景往往会对企业产生反作用力。一方面，高层管理者反复斟酌数字化如何长效改变具体的商业模式，这自然是有益的。大多数人在探讨数字化这个概念时，都认为数字化是宏大且具有颠覆性的，在某些情况下，理想化的商业模式还可初露端倪——这些商业模式看起来十分相似，都有一个雄心勃勃的开始，似乎能在数字化竞争中脱颖而出。然而，另一方面，在与数字化竞争中的领先者比较时，我们发现，有些企业在建立数字化愿景上浪费了过多的精力，导致它们没有精力在数字化竞争中迈出实质性的第一步。真正的金玉良言是：我们不一定非要成为谷歌、苹果或者亚马逊！

在大多数情况下，这种观点是正确的。但是，它有时也会造成一些企业全然失去愿景，丧失在行业内获得领军地位的愿望。

智能数据的理念是，你不一定非要像谷歌一样。你需要做的只是在你所在的行业内，成为数字智能化最高的企业。因为，“智能”意味着善用数据分析所带来的机会，合理地排列事情的优先级，将新机遇与自身优势相结合。换句话说，智能的企业并不会去幻想变得跟硅谷那些最具数字竞争力的企业一样，它们只是希望成为自己行业内最智能的企业，在面对直接的数字化竞争时，借助数据分析，能够一步步地打造自身的竞争优势。

智能数据理念梗概

本书通过五个部分阐述智能数据之路。

第一部分从企业的角度出发，研究数字化的现状。这些企业并不属于数字化竞争中的第一梯队，它们仍然在寻找适合自身的数字化战略。研究的起点是数据超供给问题以及大数据的概念和现象。然后，我们将按照行业，系统性地描述为什么企业已经走投无路但还是不作为，以及数字化的洪流在哪些方面、在多大程度上影响了谁。在第 3 章，我们将讲述如何正确地理解智能数据这一概念，以及如果想成为智能数据的佼佼者（冠军企业），还需要哪些附加投入。

第二部分勾画了一个分为5步的循环流程，基于该流程，企业可以构建一个市场营销和企业运营的自学习系统。这套系统首先是基于人类和机器都会变得越来越敏锐的假设。这个智能数据循环流程的核心基础是智能的、集成的、对企业所有部门均有好处的数据分类，帮助我们更好、更一致地去理解客户。反过来，在这个循环系统中，更充分的客户认知也为企业更好地发挥自身强项奠定了基础。如果我们这样做，我们会获得在对的时间、用正确的方式、以合理的价格为客户提供满意服务的能力。

第三部分展示了现实图景，通过诸多案例，描述现今的智能数据佼佼者们是如何在具体接触时智能地借助数据分析技术做到贴近用户的。这一部分介绍了处于数字化竞争第一梯队的企业是如何史无前例地从战略性的数据共享转化为协同性的客户关系管理的。此外，还介绍了这些企业是如何优化选址、产品线和产品，以及如何从碎片化、多渠道的环境中获得并全面整合客户信息的。

第四部分是为具有特定阅读需求的读者量身打造的，这些读者关心在企业中如何组织安排工作，从而完成数字变革。一般来说，数字变革往往并不会因为技术力量匮乏而宣告破产，而是因为那些源于企业内部的对抗、过于刻板的组织构架和失误的变革期管理。善用数据以现代化的企业管

一般来说，数字变革往往并不会因为技术力量匮乏而宣告破产，而是因为那些源于企业内部的对抗、过于刻板的组织构架和失误的变革期管理。

理共识为前提，即允许员工犯错、支持他们尝试性的想法，并给予他们自我辩解的机会。在这方面，本书给出了一些建议，例如，在不增加额外负担的情况下，企业如何在数字化之路上切实可行地为自身的组织结构和工作流程松绑，如何继续发展自身的技术竞争力。值得欣喜的是，企业并不需要为此投入那么多的新资源，大部分投入都是现成的。

本书的**第五部分**是总结篇，也是最重要的部分。在这一部分，我们关注当我们这样使用数据时，客户体验究竟是怎样的。

新“数据合同”

在我们的上一本书《我们的数据》（*Data Unser*）中，我们倡导缔结一份关于数据的新协议。这份客户与数据使用企业之间的协议应基于以下四个方面：

1. 数据安全
2. 使用透明
3. 均衡协调
4. 客户增值

我们曾预言，数据驱动作用下形成的市场营销方案的成败不是由专业的数据安全保护者或立法者决定的，而是取决于这个方案是否提高了企业为客户创造价值的能力。成功的关键是，企业是否能够成为可信的数据合作伙伴，并提供值得信赖的服务：当客户与企业共享他们的客户信息时，实现了双方互利——企业不会为了刺探客户需求或者摆脱某些客户而去滥用客户信息，利用客户信息是为了更精准地满足客户的愿望和需求。值得信赖的数据合作企业这么做的原因是，他们希望能够与客户建立持久的合作关系。

一旦企业将客户数据信息唯利己之用，效果就会适得其反。

三年来，众多的客户数据信息项目和其后的美国国家安全局事件令我们更加坚信：一旦企业将客户数据信息唯利己之用，效果就会适得其反。德国严苛的数据保护法律在某些方面是显得有些过时，某些规定过于死板和冗长，但是却能应对现在的局面。问题的关键在于，企业必须认识到，他们如果想要使用客户的信息，就必须得到客户的许可。

智能数据的原则之一是“赢得数据”。

客户的数据信息属于客户，应该由客户决定与哪家企业分享哪些客户数据信息。如果对产品使用确实有促进，客户会愿意与企业分享他的个人信息。如果客户感觉到，企业打着大数据的旗号，搜集一切他们能够取得的数据，目的就是为了有一天能够利用这些数据甚至变卖这些数据，那么客户自然会反应过激。

智能数据冠军企业不会选择在法律顾问的协助下，通过获得客户同意使用其个人信息的声明，来谋取使用客户信息的权利最大化。智能数据冠军企业会遵循这一原则来设置IT系统，即只存储确实能够为客户带来增值的数据。

从长期来看，这种数据使用态度会带来成功，因为只有秉持这种态度，客户才会愿意与企业分享数据。如果我们落实了这个前提条件，那么我们在本书中描述的情况就有可能实现。至此，一个流程闭环形成，这就是我们所说的智能数据：凭借更少的数据，取得更大的成果。

SMART DATA

第一部分

从大数据向智能数据转变

SMART DATA

第 1 章
深陷数据过载的愁云惨雾

"它无所不在，它无所不知，它的名字是大数据。"

——**呆伯特，**2012 年 7 月

流感预测器也闹"流感"

2008 年是大数据发展的重要一年，尽管当时几乎还没有人提出大数据分析这一概念。就职于在当时仍备受推崇的、雄心勃勃的搜索引擎供应商谷歌的一小撮数据科学家在《自然》杂志上发布了一种大数据应用的方法，即利用大数据（的检测功能）令地球上的人类更加健康（少生病）。科学家们将这种应用命名为GFT：谷歌

流感潮（Google Flu Trends）。科学家们宣称，在不与医生沟通的情况下，谷歌可以预言美国境内的流感疫情暴发和地理传播路径。科学家们的预测速度比当时的监测部门美国疾病控制与预防中心（CDC）更快、更准确。

几十年来，为了实现对流感疫情的监测，CDC搜集相关医疗诊断报告后，能够据此推测出全国居民的健康状况，推测结果公布时间较现实情况有一周左右的延迟。基于这种推测结果，CDC则可采取相关的公共卫生控制措施，例如开展大规模的疫苗接种。谷歌的科学家们基于他们的数据库，找寻到了一种预测居民健康状况的更容易的方法：他们统计居民在搜索引擎中搜索例如“流感有哪些症状”或者“附近有哪些药房”等词条的频率，标记搜索人所在的地点，并将这些统计数据与以往的流感疫情情况比对修正。在2008年，聚合并定位数以百万计的流感相关的搜索信息仅需不到一夜的时间。此外这种研究也证实了与专家发放调查问卷询问的方式（在调查流感疫情时，专家指的就是医生）相比，基于搜索请求统计的分析方法在一定区域内可以得出更微观精细的预测结果。

“谷歌流感潮”是大数据分析大众媒介影响的一个突破。不仅仅是谷歌公司的员工爱引用“谷歌流感潮”这个案例去促使人们关注谷歌公司的社会价值，关注信息技术仿射问题的记者也终于可以捕捉到一个在智能数据应用方面确凿的、普惠的成功案例。Trendtagen趋势大会的主讲嘉宾操着惯用的“这仅仅是一个开始”的口吻，认为“谷歌流感潮”这个应用实例是基于实证的医学研究革命的开始。分析与商业智能软件公司的销售人员都表现得仿佛他们的公司也参与了编写GFT算法一样，他们是想给人一种感觉，就是他们公司的产品在商业领域能够创造奇迹，就如同谷歌流感潮在公共健康领域创造的奇迹一样。人们也不再质疑在数据驱动下实现的进步。大数据分析领域的三个重要原则，通过谷歌流感潮这一应用案例被大众知晓。

1. 我们拥有的数据量，远比我们想象的多。我们必须寻找新的方法，更有效地使用数据。

2. 通过这些数据，我们可以观察人们的行为，并识别发展趋势，这可以为我们（实时）提供一个更准确的现实图景，其准确程度优于我们之前任何一次通过调查获取认识的方式，因此，我们拥有了更好的决策基础。

3. 我们不再需要探究原因，统计关系会告诉我们，我们需要了解什么。《连线》（*WIRED*）杂志前主编克里斯·安德森（Chris Anderson）在他的文章《理论的终结》中就提到了这一点。在一个由数据丈量的世界中，我们不再需要理论模型，反正这些理论模型也只能部分为我们阐释世界。如果我们拥有丰富的数据基础，数据自会为自己证言。

2013 年对大数据来说是一个好年景。有人会说，对大数据的发展来说，2013 年比 2008 年还重要，这个就要看我们选取哪些比较指标了——可以是全世界积累的数据量、人们在谷歌上对“大数据”词条的搜索量、跟大数据有关的IT项目投入，也可以是呆伯特漫画里提到大数据词条的次数（2012 年第一次提到）。企业咨询顾

大数据泡沫之
“大数据是新的原油资源。”
——安·温布拉特，投资者
“大数据是当今一切大趋势的
——克里斯·林奇，Verti
“在国家安全局位于犹他州的数据中心，全面监控和存储全球范围内的通信信息成为可能。”
——维基百科
“大数据为企业提供了意想不到的可能性。”
——IBM

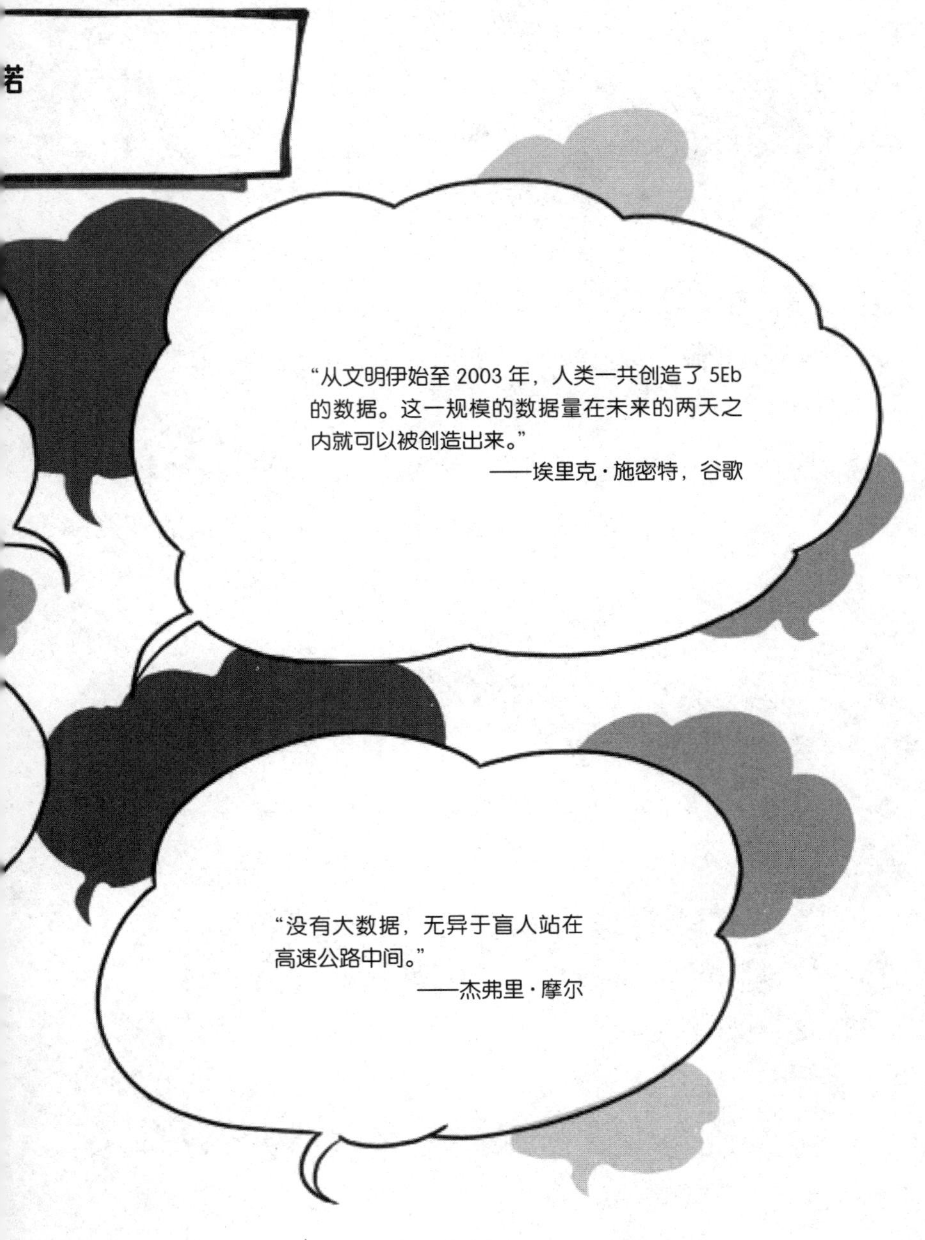
若
“从文明伊始至 2003 年，人类一共创造了 5Eb 的数据。这一规模的数据量在未来的两天之内就可以被创造出来。”
——埃里克·施密特，谷歌
“没有大数据，无异于盲人站在高速公路中间。”
——杰弗里·摩尔

问、趋势观察员、软件供应商把大数据字样印在彩旗上，画在表格里，在每次PPT（演示文稿）演讲中都会提到。2013年，几乎在德国所有的行业会谈、座谈会和企业战略会中都会提到大数据概念。高德纳咨询公司的“3V”定义（体量、速度、多样化）变成了聚会小圈子里的高雅谈资，不管这个定义到底对他们有没有实际用处，也不论他们到底有多深的IT知识储备，参加聚会的人都重复不停地谈论这一定义。

简而言之，大数据这个专业术语成为数字化的标签，大数据之“伟大”如同这个概念本身所承载的数据量那样“海量”，也如同这个概念所承诺的那样宏大。当时，整个世界无可救药地中了大数据的“毒”。

对“谷歌流感潮”项目来说，2013年就没那么幸运了。2月，在《自然》杂志的新闻门户网站上刊登了一篇文章，文章指出，一度宣称能使世界变得更美好的大数据应用领域的典型案例“谷歌流感潮”预测结果出现误报，对一些流感疫情的发生率估计过高，另一方面又认为某些疫情根本不会发生。2009年1月的猪流感事件就属于后一种情况（实际发生，但GFT没预测出来）。

现在回想起来，“谷歌流感潮”的发展史也可以这样写，谷歌是那个时代在大数据应用领域第一个“吃螃蟹”的人，领先于同业。来自山景城（谷歌总部所在地）的数据工程师率先对外宣称他们可以预测流感趋势。但同时，他们也是第一批令公众失望的人。哈佛大学的一份学术研究报告认为“谷歌流感潮”事件是在对大数据分析整体进行炒作。这份报告中最重要的词汇是“Hybris”，这个词源于古希腊语，在德语中是“Selbstüberschätzung”，译为“傲慢”，即指“大数据傲慢”。2014 年 4 月，《经济学人》杂志刊登了《对大数据的抨击》一文。《纽约时报》在大篇幅的分析文章中提出了“8 个（不对，是 9 个！）大数据存在的问题”。剑桥大学公共风险认识学教授戴维·施皮格哈尔特（David Spiegelhalter）表述得更加直白，他认为以他的经验来看，大数据所承诺的种种，毫无疑问纯属胡说八道。

技术成熟度曲线（Hype-Cycling）

信息技术总是“说大话”，承诺很多事情，就好像这些事情在短时间内都会实现一样。这种现象由来已久，是老生常谈，老得就跟第一台计算机一样。这种现象强烈地影响了IT产业从业人员的心态，也逐渐影响了美国IT行业的特质。所有新科技好像就没有不重要的，研发者和销售人员都觉得是颠覆性的创新研发。这种情况有时令我们也很抓狂，事情总是这样，肯定是不行的。

信息技术总是“说大话”，承诺很多事情，就好像这些事情在短时间内都会实现一样。这种现象由来已久，是老生常谈，老得就跟第一台计算机一样。

鼓吹信息技术进步的言论是对一种理念坚信不疑的反映，即从长远看，创新技术肯定会得到应用，在一定时期之后，个人、社会组织及企业事实上也会消费创新技术，届时，那些从一开始就对技术创新抱有（过于）积极的态度的主体就会受益。早在 20 年前

（第一个浏览器刚刚使普通人浏览网页成为可能），软件分析师杰姬·芬恩（Jackie Fenn）就提出了一个了不起的、结论性的分析框架，即高德纳公司的技术成熟度曲线分析。

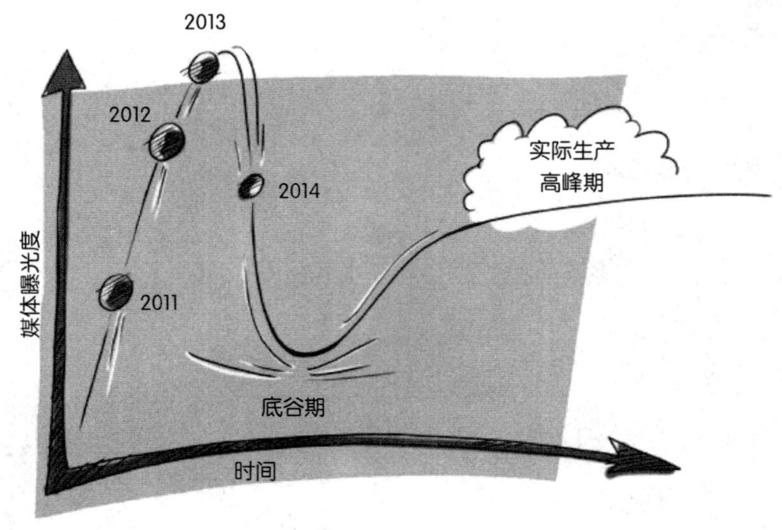

许多本书的读者对这个曲线并不陌生。用物理学家的话描述这个曲线就是，具有指数特性特征的一条光滑曲线在经历了一个飞跃式上涨的波峰之后，逐步接近一个有走高趋势的平衡位置。如果是在经济领域，这条曲线表示，从指数上看，经过市场上的大肆渲染和宣传，新信息技术首先将经历不断提高的市场关注度。与此同时，对新IT产品的期望值也逐步攀升，但是这些尚不成熟的产品在1.0版时是不可能满足这些期望的。从某种程度上来说，这种期望后产生的失望是意料之中的。如果这些新产品生产企业掌握信息技术资源，很快他们就会推出优化后的2.0版本。

这些新版本可以实现人们意想不到的优化，比如可以治愈儿童疾病，或是增加了新功能。在这个阶段，对新产品的公众关注度明显降低，人们会更切合实际地去衡量这些新产品的市场潜力和技术局限性。（能够经受住市场检验的）成功的信息技术而后会达到“实际生产高峰期”阶段。此时，消费者知道自己想要什么，他们也非常清楚，这些新产品虽然已经不是最受追捧的了，但是这些新产品基本成熟的功能会使他们所在的机构或组织受益。

> 有很多新技术、新产品在跌入谷底之后，就不了了之了，市场低谷成了死亡之谷。

2011 年，大数据作为类概念第一次出现在高德纳年度技术成熟度曲线报告中，在随后的 2013 年，大数据达到了曲线期望值的顶峰（达到“过高期望的峰值”阶段）。2014 年，大数据以“坐过山车”的速度冲向市场关注度的低谷，预计 2015 年将继续加速向谷底俯冲。[①]这些只是预测层面的，不可回避的是，像施皮格哈尔特这类对大数据持批判态度的顶尖专家绝不会就此认定，大数据会朝着曲线上“实际生产高峰期”方向发展。这是因为，技术成熟度曲线毕竟不是统计分析方面的“再保险曲线图”（具有极高的预测准确度），不是所有时髦的新信息技术都会像技术成熟度曲线预测的那样，在经历了比较长的时间之后，会获得市场的认可。出于回顾验证预测结果的目的，高德纳的分析师们特意关注了一些已经上市的新产品的市场表现，结果发现有很多新技术、新产品在跌入谷底后，就不了了之

① 本书德文原版出版于 2015 年。——编者注

了，市场低谷成了死亡之谷。

大数据这个概念的表述还是太模糊，涵盖了许多不同的产品和应用实例，在战略和实操决策层面都引起了一定程度的困惑。没有人能说清楚，在未来的5~10年，我们在企业经营中会用到哪些大数据分析方法。我们也不知道，到那时，我们使用哪些被大肆宣传的“秘密武器”时，会让我们不止一次地回想起“大数据”这个名词。此处有两个原因，一是大数据这个概念中的“大”不能用数量来衡量，二是对于多少数据量是容易或者不容易被运用的，判断过于主观。对有些企业来说，几Pb（10的15次方字节）的数据量就大得不可想象了，对另一些企业来说，处理Eb级的数据量（10的18次方字节）都很轻松。从我们在大数据的大部分商业应用领域的经验来看，企业能够处理的数据量的多寡，在决定某个企业能否达到“实际生产高峰期”阶段方面，是最不关键的因素。后续我们会对此进行更详细的分析，此时，我们大胆预测，在一段或长或短的时间之后，大数据这个概念在企业中将不仅仅作为一个高高在上的抽象化概念存在。

没有“大爆炸”的大数据

去年，我们从大企业和较大的中小企业的数据项目中获得了一些经验，在整合这些经验时，我们发现，在对大数据的认识和态度方面，存在如下自相矛盾的现象：

决策层越高，就越会涉及大数据这一概念，同时对大数据的期望值也越高。如果此时，首席执行官、董事或者战略决策部门还没有深入了解在他们的业务领域面临的最重要的数字化挑战是什么，他们对大数据的期望值还会更高。简而言之就是：

越是没有大数据应用经验，对大数据应用于企业管理的期望值就会越高，越会希望通过大数据的应用获得“多快好省”的收益。

这些期望主要是集中在能够借助大数据发掘出企业尚未涉足过的、全新的商业模式上。这种期望会在各种媒体报道的影响下越发强烈。比如媒体会报道：

1. 早在客户意识到他们自己是多么迫切需要某样商品前，亚马逊就已经开始出售这些日常商品了。

2. 由于有一定的大数据意识，在线影片租赁提供商网飞（Netflix）对那些观看连续剧成瘾的用户的欣赏偏好非常了解，网飞自己制作电视剧并且进行恰当的销售，例如凯文·史派西主演的《纸牌屋》。

3. 未来汽车保险公司借助于全球定位系统数据，在“按里程付费模型”框架内核算出了保费收费标准，从而可以提供极具市场竞争力的优惠保险产品。

具体的表象往往还没有形成，例如这些基础性的经济领域技术创新在个别企业内是如何呈现的，等等。但是对大数据的基本态度已有定论，即数据为我们指明了方向。这不仅仅是效率的问题，还有实惠，因为现在信息技术的使用成本极低。这一点在去年与大数据相关的演讲中可以看出来。

另一方面，我们认识到，决策层级越低，大数据带来的失望情绪就越大，但是这种情绪多多少少都有所隐藏。这种情绪上的对立有多种原因。一方面，IT部门往往已经制定了工作方案，使企业可以更加有效地使用数据，但是方案在企业内部并未得到响应和贯彻。另一方面，如果公司将信息技术问题作为基础性工作来抓，那么原本相安无事的技术部门将陡然变为众矢之的，对于这一点，公司信息技术操作层面的负责人原则上是十分清楚的。随着信息技术的进步，IT部门意外地发现自己变成了影响公司决策的强有力的“刹车器”。在这方面，IT部门常用的话术是:“我们的系统不支持这个功能。”从IT部门的角度看，他们（这样说了以后）往往会是幸运的，不用再去为了公司的数字化快速发展做更多辛苦的努力，因为上层决策者往往会关注大数据应用所需的短期的、实际的、可预期的投入，有时对投入关注得越多，继续投入资源的热情便会有所减弱。当上层决策者们慢慢意识到，在他们的企业内必须进行哪些深入的改变，才可以借助数字化长效地发掘公司真正的市场潜力时，决策者们才会慢慢改变内心的抵触情绪，逐渐厘清认识。这里指的当然是，发掘自己公司的市场潜力，而不是别人的。

在一些大数据概念相对模糊的公司，常出现如下问题：决策层认识到了大数据分析是发掘新商业模式的一种可尝试的途径，同时他们对此寄予厚望。在项目中，他们很快意识到，数据确实是一种资源，可以在短期内，沿着企业本身的价值链——从组织生产、供应商管理、后勤保障、销售运营直到客户售后服务——去优化企业的核心业务。而后，人们不可避免地会将大数据的应用潜力与商业模式的持续优化联系起来。在排除其他并行的商业模式优化因素的情况下，人们尝试着去预估数据带来纯增量的潜力，结果是，在节省资源和增加销售额或者利润方面，大数据带来的纯贡献值是低于预期的。故而人们对没有带来惊喜的大数据就不再有兴趣了。

一次对企业影响深远的、致力于寻求数据驱动下优化解决方案的尝试，迅速将各种有经验的、熟悉企业文化的“反对者”引向了“雷区”：

1. 必须开放数据库。通过利用运营数据，企业的业绩可能提升，但也可能降低。但遗憾的是，部门主管们对此持有很矛盾的心态，他们遵循的行为原则是，如果我从数据中获益则没问题，但是如果我没有获益，则无法接受。

2. 数据技术的“恶魔”通常存在于细节中。小问题总是能演变成大问题，进而导致IT投入（尽管有IT行业的各种美好承诺）经常一路飙高，就如同柏林机场和易北河音乐厅在筹建时不断增加的预算一样。哪些处于职业上升期的领导会去冒这种风险？此外，让事情变得更困难的是，因为从商业角度出发数据应用似乎是值得期待的，故而数据库的经营管理人员的职权越来越大。在一个公司里，如果想投产一个创新性的客户数据应用，就需要对SQL（结构化查询语言）代码进行修改。谁能够估计出为此修改 5 000 行SQL代码究竟有多复杂？肯定是实际操作修改的人。

3. 内外部的数据保护者喜欢证明他们的存在权利。评估法律风险和突破法律方面的障碍不会给企业管理者带来任何乐趣，即便是在数据驱动下也一样。

4. 应用分析工具所做出的预测并没有像软件销售商和咨询顾问宣称的那样令人信服。同时，在很多基于数据分析的优化项目中，在项目投产前往往有很好的预期，但是投产之后带来的短期实惠较少，项目投资收益少（沿着企业原本的价值链）导致公司资产收益率下降。

5. 要更好地使用数据所面临的最大障碍不是机器设备，而是人员。更准确地说，是人力资源。智能的数据分析需要聪明的脑力。企业内部经常不具备这种人力资源或者这些人的工作量已经饱和，只能高薪从外部聘请，这时就会遇到普遍存在的困难，即控制预算。

总体而言，项目负责人和（或）财务预算人员如果想要推动项目进展，而项目本身需要应用大数据分析手段，那么他们最好还是马上做好与不断飞涨的预算做长期斗争的打算，预算飙升是很有可能发生的。短期内获得的分析结果是很有限的，可能远未达到预期，如果此时项目负责人想凭借这些分析结果将项目立项，这样的可能性微乎其微。企业首席执行官和董事们认为，企业战略规划的实施需要时间，企业在经历深刻的变革后，成为一个数据驱动下的市场竞争领先者——就像美国商业分析先驱托马斯·达文波特（Thomas Davenport）所说的“分析型竞争者”（Analytical Competitor）那样，至少需要 5 年的时间，也很有可能是 10 年。几乎没有首席执行官和董事们可以确定，到那时他们还是不是在担任现在的职务。与此同时，所有的有数字化发展战略的企业当然也都清楚，他们必须要做些什么。

处于矛盾纠结中的企业目前面临的这种情况，在国际象棋中被称为“Lavieren”，即以守为攻战术。

以守为攻战术

在棋牌类游戏里有一种情况，在这种情况下采用“Lavieren”战术特别有用。参与游戏的人中，没人有稳操胜券的取胜之道。大家都采用与之周旋的招数，并给自己留出尽可能多的转圜空间。在这种情况下，“Lavieren”战术就有可能派上用场：如果对手犯了错误，进而失去了空间优势，那么就为对方提供了进攻“王”的机会。反过来说就是，防守是最好的进攻。自己并不主动做什么，而是以守为攻，等待并期待对手犯错，进而为自己赢得一个机遇。

完全没接触过象棋的人，可能不能理解我们在说什么，不理解什么是企业所谓的数字化战略，那么请回忆一下那些无关紧要的中场传球。一个在本质上被动的、以守为攻的行为，会被机会主义行为或者会议上大肆宣扬大数据应用的行为所掩盖。

以守为攻型企业典型的行为模式有：

☆ 为特定用途购进多种分析与可视化工具，虽然从根本上来说这种行为是好的，但是这种行为不总是会起到好效果，结果导致大家对IT的印象变得更加支离破碎，并且产生了“工具过载”现象。伴随着“工具过载”而来的，是人们越来越高涨的失望情绪：“我们没有办法再控制我们的系统了，反倒淹没在了一片数据汪洋之中。”或者像一个在一家大型保险公司工作的运营主管所描述的那样：我们现在需要一个快速的解决方法，使我们的保险经纪们能够着手处理客户们的无索赔等级分类工作。因为缺少时间和钱，我们现在只能采用临时性的办法完成这项工作，这种行为在长期来看，使高效的数据应用更难实现了。

☆ 逐项、不兼容地购买外部数据也会导致“工具过载”，“工具过载”使各项技术手段的融合变得更加困难。伴随着“工具过载”而来的，还有进一步的数据过载。

☆ 将数字化创新工作交由企业自有的“创新加速器”来做。媒体对此种模式都抱以正面的宣传态度，而且从根本上看，支持年轻企业家追求科技化的未来，也确实是件好事情。我们也确实遇到过个别企业，他们将创新成果应用于企业经营并获得了成功，但是实事求是地讲，由“创新加速器”孵化出来的初创企业，获得创业成功的比例还是很低的。在没有核心领域背景背书的情况下，建立一个“创新加速器”，或者从狭义的角度来说，贸然去参与一家数字化初创企业的发展，这在某种程度上释放了一种错误的信号，就好像我们已经拥有一支规模很庞大的创新军团了。这种错觉会消磨人们在核心领域追求创新的动力。

这听起来有些荒谬，但是对长期的数字化效益来说，却存在着极大的隐患，尤其是当以攻为守者凭借他们的机会主义获得了首次成功的时候，又或者当他们成为本职工作和部门工作的良好内部推动者的时候。因为上述情况加深了人们的印象，即多亏了有新的工具和诸多新的数据，才使得我们没有偏离正轨。此外，我们在加速器这个问题上还有很多“百搭牌”。因此，我们并不需要彻底地改变什么。消息从上层传达到基层，然后再反馈回来，这样就很好。

来自硅谷的大数据发明者在某种程度上可能是吃了高估自己的亏。逐步获得数字化进展的“以守为攻”型企业，自己将这种进展贴上了大数据的标签，都或多或少地有些自欺欺人。正如杜克大学心理和行为经济学教授丹·艾瑞里（Dan Ariely）的格言所说的那样："大数据就好比是青少年性行为。所有人都在谈论，但是没人敢去尝试。偶尔有几个人真去尝试了，却弄得一团糟。"

"以守为攻"者的根本问题是：

> 他们总是尽可能地大声疾呼大数据概念。他们夸大了自己在数据过载的情况下取得的成功。然而，他们并没有寻找到真正意义上的改革模型，这种模型可以为他们开启更广阔的前景，帮助他们占领所在行业内的数据分析制高点。

我们得承认，很难用恰当的语言表达上述情况。但是项目经验告诉我们，夸张的表达有助于我们认识到问题的存在。

选择一个比较中立的概念去描绘企业的数字化现状，和一些被数字化改革折腾得够呛的职业经理人的心情，那么这个概念应该是这样的（见下页图）：

图的左下角描述了企业里数据分析活动的现状，诚实地说，许多人对实际情况是不满意的。

图右上角所描述的情况就很难把握了，它包含了一个非常抽象的范畴，即数字化的未来幻景。同时，也回答了"未来可为企业带来长效竞争力的、数字化驱动的经营模型到底是怎样的"这一问题。

图里的数字化未来幻景是通过现实中的应用案例构建的，这些案例来自例如谷歌、亚马逊、网飞、贝宝、Bluekai（数据管理软件公司，于2014年被甲骨文收购）等数据分析领域的"明星企业"。

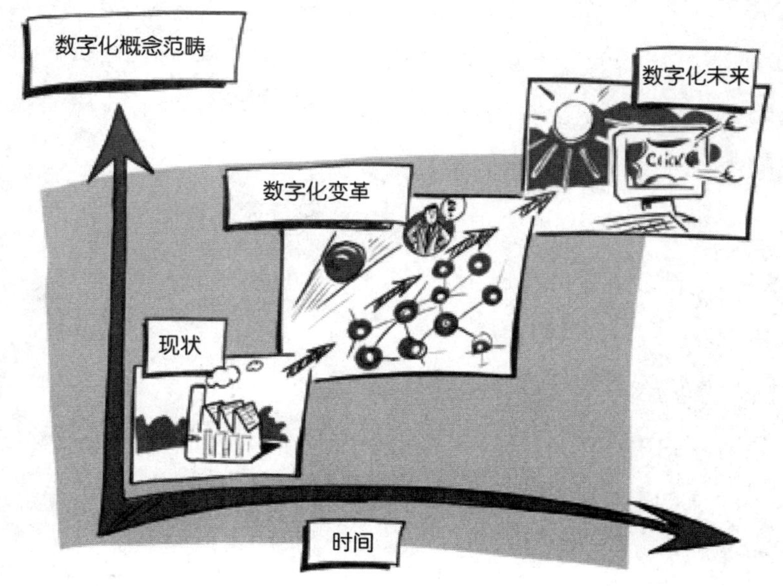

来自奥托集团的代表们都有理由去考虑，我们究竟打算怎样去获得跟他们一样的数字化竞争力。实际上，（在数字化方面）我们跟他们的差距还很大！在与他们的数字化竞争中，我们暂时不可能取得胜利！另一方面，在这个数字化未来幻景中，还存在很多雄心勃勃的数字化驱动下的初创企业。企业管理者和来自施瓦本的机械制造工程师异口同声地发问（他们也确有权利知晓），我们想要的只是这 100 万美元吗？如果没有一个一个的消费者，这该如何实现？如果他们晕乎乎地拿钱去了股票交易所，那我们就需要关注一下我们的季度财务数据或者月销售额了。

总体来看，这张图就是脱离现实太远。我们很难发现，图里描述的未来幻景到底跟大多数企业的日常工作有什么关系。考虑到新近的大数据项目经验、这些项目产生的成本，以及项目带来的应用成果，我们就更难去相信，在可预见的时间内，这个图中描述的数字化现状是如何发展成为图中描述的幻景的那种规模的，就如同图中的箭头穿过，直指图的右上方。

然而，这就是大部分行业中的大多数企业的数字化目标。“以守为攻”战略能够实现的前提是，你的对手也正好在“以守为攻”。如果你的对手有很好的发展战略，那你就只能等着倒霉了。此时，“以守为攻者”会比想象中的更快被“将死”。

在项目中，我们最好还是考虑一下这个问题：我们可以想象一下，如果明天谷歌、苹果或者亚马逊要涉足我们的行业和市场了，那我们该怎么办?

第 2 章
数字化海啸——完全不关注数据也行不通

"我们需要银行业，但不一定需要银行。"

——比尔 · 盖茨

沿价值链产生分化

"没人会在网上买书。人们在买书之前，需要翻阅实物，并且听一听资深售书员的建议。"1996 年，当杰夫 · 贝佐斯推动亚马逊上线的时候，好多人都这么说。在 2005 年前后，当第一个电子书阅读器问世的时候，大部分的书商都认为："客户需要实实在在地摸到书籍，感受纸张的质感，并且还要能够用笔画出书中的重点章节。”2008年，两个年轻的企业家尝试性地为Zalando[①]创立了一个小型网店，主要用于出售人字拖，当时德国大部分的大型鞋类销售企业都坚信：“没有人会在网上买鞋的，因为买鞋前必须要试穿。”在一些零售贸易中，现实情况是这样的：在必要时，一些专营市场中的不易腐烂的食品可以在网上售卖。在线食品贸易所需的物流费用是很少的。当然，在购买生鲜食品之前，人们还是需要先看看实物的。

欧洲经济委员会是致力于商业中心发展与推动的国际机构，罗兰贝格管理咨询公司与欧洲经济委员会合作开展的一次客户问卷普查结果显示，从客户购买频率的角度衡量，网店在培养客户忠诚度方面表现更好——虽然在实体店里顾客可以尽可能地找到销售人员并寻求他们的建议，但客户在网店购买商品的频率是在实体店购买的3倍。这一结果为罗兰贝格的一份研究报告提供了数据支撑。我们会在本书的第二部分进一步讨论零售贸易的智能化、数字化、多渠道经营战略，但这里先说一下：零售商们大都在客户数据分析方面倾注了大量创造性的精力，以期优化客户关系，但是为什么在具体的销售环节，基于销售商自身和所在行业的结构化特点，它们跟亚马逊相比却没有竞争力呢？就好像亚马逊在实体店方面做得更好一样，甚至是在大城市以外地区。

在贸易中，这种情况并非个案。通过与尽可能多的行业的战略规划负责人交流，我们发现，很多企业目前都挣扎在生死边缘，却

① 德国大型时尚电商，主营服装和鞋类。——译者注

数据分析能力目前还仅是一个竞争优势，但在可预见的时间内，它将变成一个“保命因素”。（2012 年）

不自知。三年前，在《我们的数据》一书中，我们就强调，数据分析能力目前还仅是一个竞争优势，但在可预见的时间内，它将变成一个“保命因素”。数据分析能力弱的企业会被数据分析能力强的企业排挤出市场。这种预测之前偶尔会让人感到惊讶，但这都是在大型手工商品零售商Praktiker、日化品零售商Schlecker、鞋类零售商Goertz、卡尔施泰特百货集团破产之前了。

在我们的印象中，在各个行业，有太多的决策者，当他们自己在客户认知方面的“装备水平”没有什么改观的情况下，他们从内心来说并不想知道，一些业已存在的和另一些新出现的竞争者是如何在数据分析力量方面武装自己的。一言以蔽之，就是他们关于发展道路的观念没有根本性的转变。他们使用的是老式雷达，但竞争对手已经在使用卫星设备了。还不仅仅是这些：竞争对手们利用所有可得数据去推断消费者会在何时、以怎样的价格去购买什么样的商品。他们还通过对数据的利用，去优化研发、生产和后勤保障，

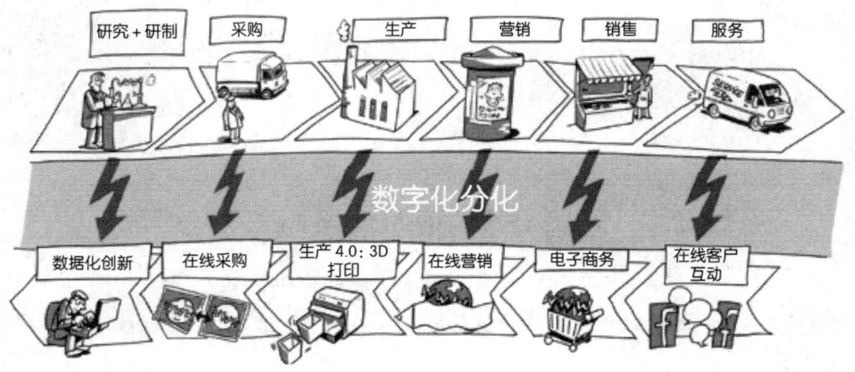

从而获得最佳利润水平。基于上述，我们可以发现一种现象，即沿企业价值链产生的系统性分化。

这一系统性、飞跃式分化是这样的（见上页图）。

截至目前，在大多数行业内，这一企业分化过程还是一点点进行的。通常情况下，即便是行业内的数字化先驱企业也依旧处于艰难的数字化改革中，全行业的结构性改变尚不可见。但是，在平静的水面下却酝酿着一场数字化海啸。

机智，联合，进攻

把一切能够数字化的事物，全都数字化。

把一切能够数字化的事物，全都数字化。这句话在硅谷是铁律。大西洋彼岸的大部分采用以守为攻战略的企业决策者当然也明白：激进的创新主义者重视这一点，并且他们积极主张熊彼特的“创造性破坏理论”。

数字化已渗透至各行各业，并催生出了一批拥有全新商业模式的市场竞争者。这是目前我们已知的。下面让我们来分析一下。

在数字化世界里，成功的市场竞争者通常从四个维度出发，来获得他们的竞争优势。

深思熟虑的、以数据为基础的客户认知和客户需求识别

从生产研发到售后环节，数据分析领先者完成了由产品指向型到客户指向型的转变。与其他企业不同的是，他们不仅仅是口头宣

扬。“信息拉取替代信息推送”对他们而言，不是一个噱头，而是客观存在的商业现实。这其中最成功的企业，会用一个全新的模式满足人们的基本需求。谷歌让全世界都可以免费获得信息，脸谱网彻底改变了私人交流的方式。“点赞”这个功能是信息技术对人类最深层次需求的完美回应，谁都愿意被喜爱，被赞扬。

此外，基于数据的审慎的客户认知还是一项不错的服务业务。在很多领域，产品信息整合公司和数据评估公司，因为可以直接接触到客户，从而可以作为新的媒介或流程优化者介入到企业价值链中去，这便相应地使产品供应商绕过一些原有环节，降低经营成本。通过产品供应商和客户之间的“脱媒”，企业的利润空间变得更大。传统的供应商往往承受着双重压力，一方面，销售网络中每增加一个供应商，营业额就会随之减少；另一方面，企业利润会被中介和搜索引擎的手续费蚕食。

平台化和网络影响力

我们如何去建立一个平台，由我们来定义这个平台的规则和流程，以至其他的市场主体都必须参与到我们的价值创造过程中去呢？这是一个战略性的问题，硅谷中的许多企业创始人也在问。他们明白：

> 从市场结构方面考虑，数字化就意味着平台化。

抽象地说，就是利用平台化的产品、服务或者技术，去服务于尽可能多的公司，目的是提供互补的产品、服务或者技术。平台化的市场往往具有一个相对稳定的核心应用，比如配有谷歌在线商店的安卓操作系统，或是亚马逊商城及其“经济生态环境”中的供应商，包括App（应用程序）开发商和遍布全商城的专业化网络商店等。

平台掌握客户资源，可以直接接触到终端客户；平台制定标准，比如商品该如何配送至客户手中；同时，平台还要促进各供应商之间的竞争。与平台使用者不同的是，平台企业承受着很大的创新压力，一般情况下获得的利润还要明显少于平台使用者。

> **在平台市场中，一条传统的科技定律很起作用：谁制定规则，谁就拥有市场。**

在平台市场中，一条传统的科技定律很起作用：谁制定规则，谁就拥有市场。在数字经济中，平台模式最精彩的部分在于，在传统的价值链条中，平台企业可以比具有市场影响力的生产企业更快更好地形成规模。原因就在于所谓的网络影响，早在20世纪初，全球第一家电话公司就已经知道利用这一点了。一个平台能获得的参与者越多，那么它对大家的作用就越大。平台吸引到的客户越多，那么它对供应商就越有吸引力，反之亦然。一个平台如果开始盈利了，它的成长速度往往是呈指数级的，而且平台一旦建立起来，我们是很难打破它的优势的。

世界越来越数字化，平台模式更加频繁地介入到传统价值链条中，这必然是以传统产品、服务和技术供应商的利益为代价的。在某一个细分市场中，往往只能有少数的，甚至是只能有一个成功的平台存在，这是客观规律。此处重要的是，我们应该有意识地去开拓平台市场，进而我们为客户和供应商提供的就不仅仅是一个单一“经济生态环境”，而是许多的新市场。

通过智能协作消费获得新的潜能

分享不仅仅只是关爱。分享使既有商业模式的优化和新商业模式的诞生成为可能。这一现象经常发生在个人对个人的交易中，在这类交易环境中，私人或者小企业互换闲置的资源，比如空置的房间、暂时不用的车子以及暂无活计的工匠等。一些新的“在线销售冠军”公司认为爱彼迎（Airbnb）、优步（Uber）和任务兔子（Taskrabbit）意味着一个全新的商业类型，为此TED演讲嘉宾瑞秋·波特斯曼（Rachel Botsman）创造了一个贴切的概念——“协作消费”。在商业管理层面，这一新商业类型被认为是仅有有限商业影响力的短暂存在，经常招人嘲笑。但是人们并没有意识到它的潜力：“智能协作消费”将中介方挤出了价值创造链条，甚至可以席卷整个行业，像在优步和来福车（Lyft）案例中发生的一样。此处，我们看到了一种与“数据整合型的服务提供”完全相反的模式。协作消费者向我们展示了“消灭中介”是如何大规模实现的。

波特斯曼宣称，这种新的个人对个人的交易将给消费带来重大改变，其影响力比线下、线上贸易还要强。人们可以认为这是TED演讲中普遍存在的夸张夸大。但是对于中介方来说，无论是在B2C（商家对客户）或是B2B（商家对商家）市场中，最好还是认真关注一下。特别要认真考虑一下这个问题：在智能协作消费时，交易双方是如何建立信任的？协作消费这一新概念是如何在优化价值创造过程中发挥作用的？因为像优步和Instacard（一家超市物品快送公司）这样的公司已经向我们证实，这种新的协作消费与资本主义之间，并不是相互排斥的关系。

雄心勃勃+激进式管理

仅有很少的证据显示，大家认为杰夫·贝佐斯是一个令人喜欢的人。如果要用一个词来概括他的性格，那么“雄心勃勃”是最合适的。这位亚马逊公司的创始人最常被引用的一句话就是：我要成为世界上最成功的商人。他正一天天、一步步地接近这个目标。同样，奥利弗·扎姆韦尔［Oliver Samwer，“火箭网络”（Rocket Internet）三兄弟中最好斗的一个］在公开亮相时，看起来也不是很亲和。“在网络这些事情上，我是属于最激进的一类人。我会尽最大努力去获利，同时我也期待你们跟我一样！”他在一封给电子商务投资企业的创始人和经理人的“激励信”中这样写道。根据科技类博客TechCrunch（欧洲）报道，他在闪电式开辟印度、土耳其、澳大利亚、南非、东南亚新市场的请求信中也提到过此番言论。在德国，扎姆韦尔因为选用“闪电战”这个词语而受到公众的谴责，这是理所当然的。邮件背后显示出的膨胀的经营方式也同样遭到了谴责，这是数字化海啸进一步的预警信号。扎姆韦尔三兄弟脱离了德国普遍文化共识，这可能也是他们遭遇如此敌对的最重要原因。撇开个人同情不谈，从经济层面来看，这是愚蠢的。

许多职业经理人对数字化都产生了失望情绪，在与他们的交谈中，我们发现：鉴于数字化面临的挑战，在许多大企业内，人们都放弃了追求数字化领先地位，或者放弃了稳居领先地位的诉求。被美好前景所激励着的、极度狂热的数据分析竞争者经常会迷失方向，这对企业的雄心壮志是一种连续性的打击。恕我这么说：就连我们的经营方式都没有给我们提供任何理由去相信我们能够运营数字化海啸预警系统。

到处都土崩瓦解！

数字化驱动下的行业竞争者带来了很多颠覆性的改变，分行业来看，目前呈现如下状况：

媒体（创意内容）

音乐行业也难逃一劫。在世纪之交，音乐行业是数字化的第一个受害者，因为互联网的带宽已经发展到了可以非法传播音乐的程度。音乐作为一个独立产业，没有能力去建立一个系统平台（在这个平台上，具有支付意愿的音乐爱好者可以安全便捷地将音乐下载到数字化终端里），这样的话，音乐行业也就不算倒了霉。但是，这是知识匮乏造成的不合理现象。

苹果公司凭借数字媒体播放应用程序 iTunes 及配套的高价终端设备 iPod 播放器、iPhone 手机和 iPad 平板电脑，成为颠覆性的革新者。其间，除了谷歌音乐服务和亚马逊音乐等一些下载商店以外，诸如 Spotify（声破天）或者 Simfy（一家德国音乐网站）等流媒体音乐平台也曾介入音乐出版行业的传统价值链，有效地抑制了音乐侵权行为。此外，诸如Soundcloud（声云）这种P2P（点对点）音乐分享社区成为创作者和听众之间的桥梁。

尽管电影制片人，还有狭义上的书商成功地吸取了音乐产业失败的教训并尽力去避免重蹈覆辙，但是，总体来看，电影和出版业数字化竞争的赢家并不是华纳兄弟和兰登书屋，而是网飞和Kindle（亚马逊的电子书阅读器和软件平台）。传统印刷媒体的现状更加灰暗。2014年初夏，德国最大的出版集团阿克塞尔·施普林格的首席执行官马蒂亚斯·德普夫纳在给谷歌总裁埃里克·施密特的一封公开信中表达了对谷歌公司的不满。德普夫纳言简意赅地论证称，谷歌想要建立一个“超级跨国国家”。从国家层面和欧洲层面，我们需要有意识、有力度的国家干预。人们也可以这样理解这封信的内容：就如同我们看到的一样，对媒体行业而言，这一切都为时已晚。顺便说一句，施普林格已经属于数字化程度很高的企业了。杰夫·贝佐斯个人买下了《华盛顿邮报》，那么谁来购买德国《世界报》和《法兰克福汇报》呢？肯定也没人买《法兰克福评论报》（否则它也不会破产）。

贸易（电子商务）

“那些绝对专业的线下贸易商能够存活下来，但这一比例不超过20%。”这句话不是我们说的，而是，又是——奥利弗·扎姆韦尔说的。一次，扎姆韦尔应家族式商业连锁集团廷格尔曼（Tengelmann）公司董事长卡尔–埃里温·豪布（Karl-Erivan Haub）的邀请出席活动，当着众多企业家和职业经理人的面，他认为传统零售贸易将面临大幅缩水。我们并不确定扎姆韦尔话中提到的数字是否准确，但是我们相信，这一言论的核心内容是符合发展方向的，只有那些将自身实际优势与数字世界中的技术和可能性结合起来的线下贸易公司，才能够存活下来。在未来的几年中，我们自然就会看出来，到底是谁能够在战略性的多渠道贸易中长期占据领先优势了。

遗憾的是，即便是最敏锐的贸易商也会高估自己客源的忠诚度。许多电子商务企业都高负债开展业务扩张，因此短期内没有（或者从未）实现盈利。即便是“在线和多渠道”策略已被确认在战略上具有正确性，情况也依然是这样。如果原有互联网用户群跟不上销售形式和销售速度的变化，那么再好的前景也没用。许多传统的销售商为自己在“在线和多渠道”贸易中取得的增长率感到骄傲。但是容易被忽略的是，实际上在德国几乎全部的传统贸易企业中，在线交易量占企业全部业务量的比重低于企业所在行业在线业务量占比的平均水平。换句话说就是，虽然我们已经取得了一些进步，并已经开始部分参与在线市场竞争，但传统贸易还是失去了一部分市场份额。

即便是最敏锐的贸易商也会高估自己客源的忠诚度。

旅游业

传统的旅游经销商，街角的那些旅行中介，可能要遭受三重打击。第一，在线旅行中介提供了具有竞争力的价格。第二，航空公司和旅行社发现，通过在线直接下单预订，他们完全可以摆脱传统中介商了，节省下来的资金增加的利润，可以留为己用或者用于贴补价格战。第三，现在流行的“分享经济”“协同消费”模式，比如爱彼迎，还有跨大洲“换房住平台”让酒店住宿这种原本非常重要的旅游产品显得过时了。

酒店经营面临的威胁不仅仅只来自中期合住平台。大型的在线预订平台，例如好订、缤客和HRS酒店预订等也已然获得了巨大的市场份额，他们提供“酒店承诺最低价”，同时收取不菲的佣金。在寻找和介绍最物美价廉的住宿方面，谷歌对传统中介的威胁越来越大。一个非常有意思的现象是，一方面，数字化削弱了传统中介的职能，但与此同时，数字化又引入了一种新型中介。凭借超前的数字化竞争力，新型中介掌握着“在正确的时间、给正确的客户提供正确的服务”的能力。从酒店经营者的角度出发，新型中介相对高额的佣金对酒店的短期现金流来说是一个不利因素。从长期来看，情况可能更糟糕，新型中介切断了酒店与顾客之间的直接联系。至少，当顾客在线预订房间或者是在线直接购买酒店服务时，顾客并没有直接与酒店产生互动。

电信业

电信运营商是数据巨头。除了谷歌和脸谱网以外，没有哪家公司掌握的关于我们的数字化信息比我们的电信运营商还多。我们所处的位置、我们日常活动的模式、我们用手机上网浏览的内容、我们的联络关系网等信息，实际上可以催生新的商业模式，比如手机营销、个人信息保护、手机支付，或者专门针对某个领域的应用平台，例如将符合工业 4.0 标准的机器联网。

然而，电信运营商正面临沦为“哑巴管道”（Dumb pipe）的危险。实际上，当用户使用智能手机，通过苹果或者谷歌系统提供的应用程序进行数字化通话时，沃达丰、德国电信、西班牙电话公司等移动电信运营商都在失去与用户的数据联系。去年，电信运营商在优化应用层面所做的努力几乎都失败了。电信运营商在通话领域的市场影响力逐渐减弱，逐步沦为通信基础设施的供应商。它们建立起信息领域的高速公路，然而却不知道在上面行驶的是谁、要去向何方。

谁掌握了用户端，谁就掌握了市场。基础设施建设是薄利经济，最好的情况也就是有一些政策上的支持。

在这里，数字化经济的一个基本原则发挥了作用，即谁掌握了用户端，谁就掌握了市场。基础设施建设是薄利经济，最好的情况也就是有一些政策上的支持。尽管电信运营商的数字化水平在逐步增强，但还是需要非常努力地进行数字化变革，这虽然听起来很奇怪，但它们必须这样做。电信运营商的目标是，凭借高人一筹的商业模式，努力从“哑巴管道”向“智能管道”转变。

如果用经济学的眼光去看待关于网络中立性的政治辩论，那结果是显而易见的，即缺乏对新商业模式的有效建议。不同的网速服务背后的目的没有别的，只是在尝试为基础设施传递数据的高效能去寻求更高的定价水平。这在某些情况下，是由于网络建设成本高，因此具有一定合理性。目前还没有更好的解决办法。

物流业

大概从10年前起，物流行业由于数字竞争力匮乏而陷入被动防守的境地。以数据为支撑的实时线路优化给一些物流供应商带来了巨大的竞争优势。物联网（在物流行业即指不停地通过数据流调节控制货物流）正将这种发展引入下一个阶段。此外，在物流行业的价值链创造中，有一些环节变得多余了。例如，马士基集团就取消了目前在港口和转运点业务量逐步萎缩的一部分专业化船运业务。物流数据经理的影响力、带来的销售额和业绩贡献反而越来越突出，这些物流数据经理有一小部分来自集团内部，绝大多数是来自外部物流信息供应商。总结一下就是，数字化竞争催生了物流行业新的中介商。

银行及保险业

数字化经济可以使银行面临相对少的监管，无须面对现存大银行面临的组织压力。如果银行的创立者当年拥有关于数字化经济的先进知识并借此建立起银行，那么现在的银行业将会什么样子？或许是这样的：坐落在精挑细选、客流量大、方便区域内客户办理业务的地点的分支机构数量会减少，在银行大堂里将会有简单易懂、便于使用的机器设备。银行产品收费透明、业务手续费降低、在银行手机App里有非常人性化的客户使用指导，真正做到了以客户为导向。银行系统的安全系数更高。客户可通过在线联系、电子邮件、视频聊天或者私人通话等方式获得银行咨询顾问服务。服务不再是产品导向，而是基于客户的个性化需求。在每一次服务中，客户数据信息都被充分掌握。最终是会有这样的银行的，这只是个时间问题。

不可否认的是，还没有人发现了金融服务业数字化变革的“王道”，但是据我们估计，这更多的是受制于监管，而不是缺乏变革的内在动力或者是消费者意愿。然而银行创立者和投资者的视角则正好相反，他们认为现在正是进军银行和保险业的时候，原因是银行和保险业体制僵化，而且近 10 来年，由于银行和保险业处于国家政策监管之下，缺乏创新的压力。在银行信贷、结算领域以及一些保险公司业务方面的征兆显示了金融行业传统的市场参与者在市场上面临的“被攻击面”有多大。

☆ 与旅游业相似，新的经纪人和比较平台在客户和金融服务商之间徘徊。金融脱媒也会导致新的盈利点出现。

☆ 个人金融经理提供整合不同金融产品供应商产品和数据的服务。这种服务在短期内会使客户对某一个金融产品供应商的忠诚度提高，例如会产生主要结算银行。但最终，这种服务或者App会加剧金融脱媒，直到非银行金融供应商也可以提供这种服务。

☆ 个人信用中介平台［如借贷俱乐部（Lending Club）或者德国P2P信贷公司Smava］和项目融资平台（如众筹平台Kickstarter或者德国众筹平台Startnext）被作为范例建立起来，且数量越来越多。截至目前，Kickstarter已经向（有创意的）经营理念和产品直接投资超过一亿美元。

☆ 现在，网上转账十分安全、简单。与现金和信用卡相比，移动支付工具作为一个强有力的竞争对手成长起来。贝宝属于亿贝（eBay）的支付环节，就是这个领域的典范。银行和一部分信用卡公司有向电子钱包逐步退化的趋势，他们如今正在苦苦地挣扎。在B2B领域内也有大量的支付手段，思爱普公司（SAP）参与合作开发的TRAXPAY公司的业务就是其中一种，这些支付手段将银行的支付结算服务排挤在外。

☆ 从长期来看，现实生活的改变在一定程度上动摇了当今保险业赖以存在的业务基础。传统的寿险越来越不适合一个充满了多元化的职业发展路径和再婚家庭的社会。此外，保险费必然会变得越来越透明化，并因此承受一定的压力。个人医疗保险也面临类似的挑战。最后，但同样重要的是，对占有财物的价值观的改变也在部分影响着目前盈利水平依然很高的财产保险业务。如果一个人根本没有一辆车，那也就谈不上车险了。

☆ 保险业从根本上来看是一种社会关系网络。人们联合起来，共同对抗每个个体可能遇到的危险。将互联网的网络联结能力应用于保险业的商业模式中，这种想法很容易理解。来自德国柏林的P2P保险公司Friendsurance做出了一种尝试，根据不同的保险类型将客户分为不同群组，同一群组的人相互之间共同承担特定的风险，通过这种方式，投保人实际上享受了保费优惠（因为有“零索赔奖金”返还）。

来自硅谷的意外天气保险公司Climate Corp，借助大数据天气分析工具，为农民提供歉收保险，目前已经凭借这种商业模式累积了一亿美元的险资。在南非，乘客可以通过手机为风险隐患较高的拼车单次行程投保小额保险，这种商业模式已经成为可能。目前，保险业还没有寻找到获得重大成功的黄金法则。哎，到底什么时候才能发现呢！

教育行业

我们经常惊讶于自己竟然没有意识到数字化对教育行业居然有这么大的影响力，也没有意识到这其中蕴含的商机。教育行业是这个世界上最广阔的市场之一。世界市场的体量很难衡量，因为它主要掌握在国家和政府手中，但是这个估计应该是没有太大偏差的。非常明确的是，用于包括幼儿早期教育、中小学、大学、企业内部的职业进修、成人教育以及用于提升自我修养项目的国家财政预算和个人支出，足够为好几个谷歌、脸谱网和亚马逊提供市场空间。

目前，一个未被广泛关注的市场潮流是"自适应"学习软件，尤其是在数理自然科学领域。这种软件会像一个教育专家一样，给使用者反馈他的强项、弱项和学习速度等信息。然而它会比最好的教育家更有耐性。目前市场认知度比较高的就是"慕课"（MOOC），MOOC是"Massive Open Online Courses"的首字母缩略词，即大规模开放在线课程。美国的一些在线大学，如Coursera、edX或者优达学城（Udacity）拥有上百万学员，他们在学习过程中努力地将电视

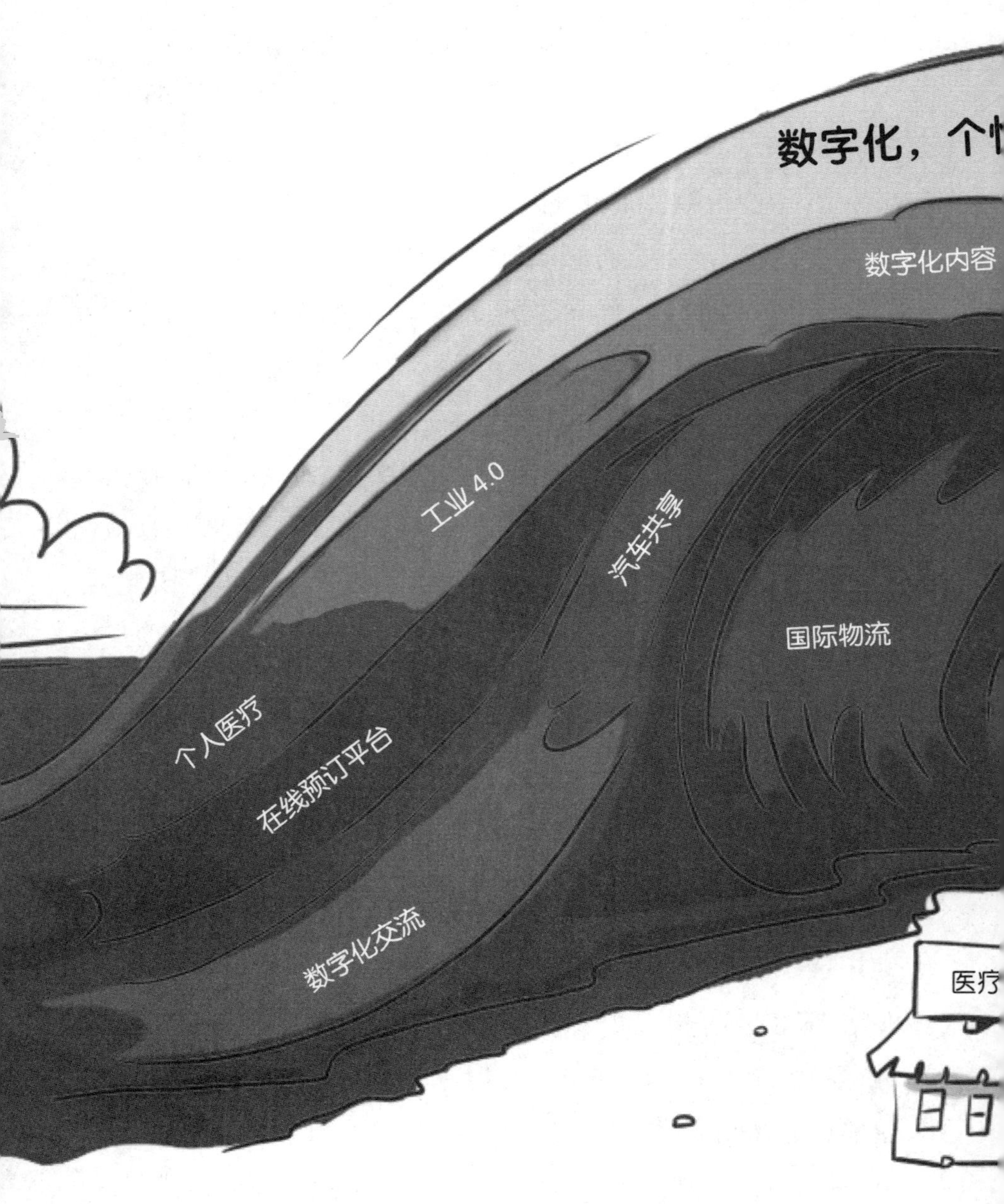
数字化，个
数字化内容
工业 4.0
汽车共享
国际物流
个人医疗
在线预订平台
数字化交流
医疗

媒体
电子商务
数字化学习
在线银行
网
行社
药店
银行
超市
火力发电
电信
汽贸
出版社
货运

大学和数字化学习的效果结合起来。世界范围内已经有许多人效仿这种做法，将其转化为一种商业模式且获得盈利只是时间问题。在教育这件事情上，纵使是很小的市场份额也意味着很大的业务量。

医药与健康

在向个性化医疗发展的道路上，数据起到了重要作用，这是众所周知的。波茨坦的哈索·普拉特纳研究所和柏林夏里特医学院的基于基因数据库的癌症治疗研究项目“Onkolyzer”获得了应有的广泛关注。在哥伦比亚广播公司益智问答游戏节目《危险边缘》中，国际商业机器公司（IBM）公司的沃森认知计算系统因在人机对战问答环节战胜了人类选手而名声大噪，这是沃森系统的第一次商业化应用。在诊断环节，数据库可以为医生提供决策支撑，并辅助医生调整诊断意见，这一点被报道的也比较多。另一方面，数字化也潜移默化地对其他健康领域产生影响。

2007 年，《连线》杂志的两位记者建立了“量化自我”网站。正如网站名字所写的那样，这个平台的目的是，帮助人们去量化自己的行为。借助一些数字化小工具，通常是智能手机App，人们记录下自己的行为并且分析它，如果发现了错误，那就去改变自己的行为。这可以用来衡量评价我们的日常生活和行为，例如，我们会知道自己在浏览电子邮件、在低效的会议上或者在走错路上浪费了多少时间。我们还可以设法描绘自己的购买行为，比如经常在哪些地点完成购买。然而最重要的是，我们可以量化自己的思想、饮食、运动和睡眠，等等。

从数据保护主义者的角度出发，他们认为这种通过自我量化从而实现自我提升的应用是很有问题的，因为使用者与软件开发商共享了非常私密的个人信息，但是却很难有效评估这些开发商在数据保护方面的严肃性。迄今为止，这个问题给数据保护主义者带来的困扰，远比“使用这种应用的用户越来越多”更大。

新技术带来的无限可能与消费者需求产生碰撞，这就为保健市场带来了巨大的发展潜力：

☆ 智能手机能完成的事情远比现在更多。现在的智能手机，或者是再给它增加一些小的技术手段，不仅仅能够作为支付工具、扫描仪或者家装服务控制仪器使用，而且还能够成为健康管理和医疗技术领域的全能工具。

☆ 市场需求是巨大的，更确切地说，这种需求分为两个层面。关注运动和健康的消费者获得了可以长期使用测量和分析仪器的机会，目前，还只有拥有私人医疗团队的顶尖运动员们才有机会使用这些仪器。这些仪器可以记录过去 4 周以来的慢跑里程、深度睡眠期和心电图数据，运动员们借此可以变得更健康，取得更好的成绩。针对一些非自发的、非预防性的保健需求层面，市场潜力也应该更大，比如一些慢性病患者或者一些自理能力下降的老年人的保健需求。

糖尿病和心血管循环方面的病人是数字化创新的核心目标群体，在这方面，智能手机至少能部分分担医护人员的职责。例如，可穿戴数字设备就是将智能手机技术与医学诊断结合在了一起。这方面的发展进一步加剧了社会老龄化的大趋势。

现今，在健康领域的数字化初创公司都在重点关注养老院中的看护服务或岗位的中介业务。这个领域的下一个发展计划是直接服务于人的身体。一个数字化的手环不再仅仅提供计步功能。如果人跌倒或者是昏厥，它能够识别出来，并且能够提供援助。

制造业和工业 4.0

工业 4.0 这个概念是很模糊的，至少是跟大数据这个概念一样模糊。就像念叨大数据这个概念一样，也有很多的企业决策者经常提起工业 4.0，虽然他们也不是很明确地知道工业 4.0 这个概念到底指的是什么。机械制造业的生产商往往是这样理解的：我们额外再生产一批传感器，然后贴上 4.0 的技术指标，这样听起来时髦一些。

在我们看来，对工业 4.0 概念的理解包括如下方面：

未来的制造设备都被安置在智能化的、设施完备的、数字联网的厂房里，邻近工厂的设备能够持续地互换使用。如果一台机器在生产过程中需要更多的工业原料，那么它会在联网中显示出来。如果一台机器已经达到生产负荷极限，那么它可以通过联网向其他机器请求支援。

制造设备不仅仅只跟“同类”制造设备“联系”，也可以跟它自己生产出来的半成品“联系”，还可以跟它自己生产或者加工出来的成品“联系”。这些半成品、成品都携带有芯片，制造设备能够监控这些产品的后续使用情况，这样一来，制造设备就能够更好地满足日益个性化的客户需求。

让我们再往深想一步：未来设备的联网程度何止是十倍于今日的程度?! 每一个设备都是所谓的“设备云”的一部分。这反过来又意味着：在一个有协作关系的生产圈中，不同工厂的生产数据被连接在了一起。一个大型汽车批发商跟我们说，有一位顾客在网上预订了一个发动机上的密封环，这个密封环是由特定材料制造的，并且对特定材料的密度提出了很专业化的要求。“设备云”中的联网机器成功地搜索出了哪个设备能够在规定的时间内生产出符合质量要求的产品，并且售价最低。

未来设备的联网程度何止是十倍于今日的程度?! 每一个设备都是所谓的“设备云”的一部分。

汽车（交通）业

就像在街角的旅游中介一样，汽车生产商可能也不值得同情：系统地看，数字化的很多方面现在已惊人地改变了汽车行业众所周知的、顺利运行超过百年的产销商业模式。

☆ 智能手机使“合伙使用汽车”的形式发生了改变。现在的乘客越来越对和谁一起、使用哪辆车感到无所谓。大部分的拼车族越来越少地考虑去购买一辆车，就更别说买第二辆了。

☆ 传统的汽车生产商在面对新晋的、数字化竞争能力强的汽车生产商时备感压力。具体的原因是：仍具有购车需求的目标客户群体会去寻求分销商或二级进口商平台，这些平台价格实惠且拥有最好的互联网贸易架构，还会提供送货上门服务。或者，他们可以通过像Meinauto和APL-Auto这样的新型中介在线购置新车。

☆ 让我们用一些问题来概括一下汽车行业的数字化未来：谁会赢得这场自动化汽车比赛？是那些知名的汽车定点生产商，比如丰田、大众，还是与数据供应商合作的宝马？谷歌是否已经预见到实物汽车可以作为一种可交换的大宗商品，并且正在独自榨取无人驾驶汽车这一新事物的剩余价值？其他人可能会问，汽车行业和数字化的联合会是怎样的？在经济层面，最终是谁在引领汽车行业的变革？

在这里，我们谨慎地表达一下自己的理解：数字化进程使实物汽车面临贬值。如果我们问50多岁的上一代人，他们最喜欢的品牌是什么，他们会回答奔驰、大众和宝马。但是30岁以下的消费者会说三星、苹果和阿迪达斯。人们更加重视使用价值。面对这种趋势，汽车生产商们，尤其是产量比较大的生产商，需要去寻找对策。

能源

2013年，全世界发电量2 300万千兆瓦时。1千兆瓦时相当于100万千瓦时。利用智能电网技术，即将发电企业、储电企业、电力用户进行联网，可节约 30%~40% 的电能。

通过应用智能电网和智能电表，我们可以赢得改善世界气候的最大的机遇，也可以获得能源史上最大的商机，而且二者还并不相互冲突。

投资者眼光

20 世纪 80 年代后期，在瑞士的欧洲核子研究组织里，有一位来自英国的科学家蒂姆·伯纳斯–李（Tim Berners-Lee），他潜心研究与其他的科学家互换电子文献的技术可能性。与此同时，来自伊利诺伊州西北大学凯洛格商学院的美国经济学家艾尔弗雷德·拉帕波特（Alfred Rappaport）正在寻求企业家衡量和提升公司价值的方法。蒂姆·伯纳斯–李的研究结果最终衍化形成了互联网，而拉帕波特的研究结论现在被我们称为股东价值。

这两位科学家的研究具有因果关联性。拉帕波特的研究成果使人们在评估企业价值的时候，不再过度关注企业过去的营业额和现时的收支情况。根据他的“现金流贴现模型”，在评估企业价值时，仅需关注企业未来的现金流。当时，几乎所有评估企业价值的流程都多多少少地采用了“现金流贴现”这一概念。这导致当时一些初创的、成长力良好的新业态的评估价值突然间飙至数十亿美元，它们可以借此在资本市场上筹集对创业的成功来说必不可少的资本。与此同时，投资者越来越不看好那些在成熟市场领域成长性较差的传统商业模式。企业作为一个机构所拥有的“祖父条款”[①]（现在仍与20世纪90年代在企业经济学课上所学到的没有什么区别）的作用突然减弱了。简单来说就是，如果没有拉帕波特和他的股东价值原则，市场上大部分的数字化公司就不会存在。

大约30年之后，世界上最有价值的三家公司中有两家是互联网公司，它们就是苹果和谷歌。也只有全球最大的石油公司埃克森美孚能跟得上它们的脚步吧。沃伦·巴菲特——号称有史以来最成功的投资家——在数据驱动下的商业业态方面大量投资，其中他运作的伯克希尔·哈撒韦公司就是排名前五的案例。现在，微软的很多业务也与数据密切相关。

如果说还有最后一件事需要论证，那么就是：需要从投资者看待数字化或者相关事物的眼光出发，让最后一名大数据理论的批判者也相信，没有数据是行不通的。

对现时现金流和贴现现金流都关注的投资者可能会发现：

1. 在很多领域，既存市场领先者在其核心业务方面的利润被瓜分；

2. 在很多成长性良好的领域，尤其是那些技术创新程度较高的领域，出现了许多新的市场主体。

---

① Bestandsgarantie，在英文中是grandfathering，译为“祖父制”“祖父条款”。祖父条款是一种规定，它说的是，某些人或者某些实体已经按照过去的规定从事一些活动，新的法规可以免除这些人或者这些实体的义务，不受新法律法规的约束，继续依照原有的规定办事。——译者注

投资者们亲眼看到了它们是如何改变消费者的生活的。他们亲身经历了在自己家的房子里，一堆电子设备是怎样从无到有的。他们能够回想起来，台式机、笔记本电脑，以及后来的平板电脑是如何占据越来越多的个人时间的。投资者们能够感受到，如果没带智能手机，他们晚上睡不了觉，白天出不了门。妇女们睡前越来越多地阅读电子书，而不是纸质书籍。或许，某位投资者（比如本书的三位作者之一）认识一个 60 岁左右的前集团董事，他给自己买了一部迷你折叠车，为的就是能够以最快的速度到达即行（car2go）的取车点，奔驰 smart 的后备厢较小，但正好可以容纳迷你折叠车。如果投资者们还未曾尝试过在线购买生活用品，那么他一定是认为，他的冰箱早晚可以先进到替他做这件事的程度。

同意识到生活中的种种改变一样，投资者们需要认识到，在一个以用户为中心的世界里，经济关系发生了怎样的改变。他们需要知道，某个企业是怎样横扫所有行业最终获得市场地位的，以及是谁掌握了市场前沿。投资者可以去观察，当亚马逊对消费者十分了解，而生产商却不是很了解客户时，亚马逊就可以牵着生产商的鼻子走了。

第三，投资者们需要看清楚，克莱顿·克里斯坦森 20 年前提出的“颠覆性创新”理论，就如同一个成规，言中了很多数字化变革中的企业的宿命。在空白市场中，新企业应该如何发展？市场领先者认为哪些业务是缺乏吸引力的？一些市场领先者在一开始会去嘲笑初创公司的技术弱点，而后为什么他们又转而认真分析这些企业了呢？在空白市场中，为了保持领先优势，初创公司里业绩表现较好的企业是如何在最短的时间内弥补自己的技术弱势的？凭借着先进的技术和商业模式，“颠覆性创新”型企业是如何跻身利润丰厚的核心市场的？而且时常会占领全部市场。经济史学家肯定知道这些。没有哪个马车生产商能够一下子变成汽车制造商，没有哪个大型帆船制造商能够完成向汽轮制造商的转化，也基本上没有哪个计算机硬件生产商能够迅速转变为一个经营数据的大企业。这时，（不得不说）IBM是一个例外！

投资者需要时常思考一个问题，那就是：我到底在赌什么？我下多少注？这是一个衡量现在和未来的问题。在回答这个问题的时候，投资者们会有意无意地在拉帕波特第二部成功的著作中寻找到建议。这本书于 2001 年出版，书名是《预期投资》（*Expectations*

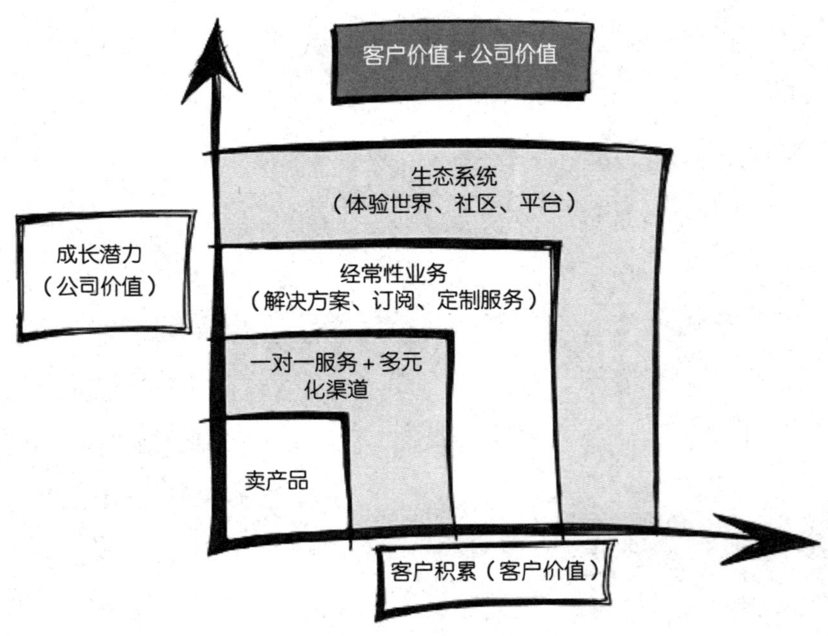

Investing）。投资者根据预期进行投资的主要立足点，是通过谨慎分析企业未来的发展前景，来判断企业的现时价值，而这种价值在过去被低估了。目前这种论点获得了广泛共识。书中描述的预测企业未来发展前景的工具就是所谓的标准。以投资者的眼光来看，现时的股价对企业来说首先是一种低估的评价，这种评价不能促进企业的数字化变革。

以投资者的眼光来看，现时的股价对企业来说首先是一种低估的评价，这种评价不能促进企业的数字化变革。

另一方面，利好的消息是：一家保险公司为了维持市场领先者的地位，不一定非得成为谷歌。一家食品零售企业不需要具有像亚马逊公司那样的数字化竞争力。具有高利润值的电信企业也没必要像脸谱网一样那么了解自己的用户。但是，它们必须在它们所在的行业里成为智能数据冠军，比行业里的其他企业具备更强的数字化竞争力。

第3章

智能数据冠军——选择正确的数据是成功的基础

“每天，我们每秒制造出的数据量相当于美国国会图书馆全部馆藏的3倍。但是，它们大多数是像YouTube上的影片，或是像13岁小孩之间谈论下一部《暮光》系列影片的短信一样。

——纳特·西尔弗

聪明的数据使用者

亚马逊首席技术官沃纳·威格尔（Werner Vogels）宣称：“我们从来都不嫌信息太多，信息越多越好。”从理论上讲，这有一定道理，但从实践上来看，这完全是个谬论。

很多企业的IT系统都是满负荷运行。这些系统自然不是可任意延展的。给系统扩容往往会比预计的情况花费更长的时间和更多的费用。将数据和应用转移至“云端”，从技术上看同样也是很艰难的，而且基本上，花费也总是超预算。与此同时，还要考虑系统安全和数据保护问题。

纳特·西尔弗（Nate Silver）是统计学家和知名博主。2008年美国大选之前，他所掌握的数据量肯定远比手握大量预算的美国选情机构少。他在自己用虚拟名字申请开设的个人网页FiveThirtyEight.com上发表了他关于奥巴马将会获得第一次总统竞选胜利的预测。他准确的预测使电视上德高望重且手握大量数据的媒体评论员们显得十分落寞。实际上，美国50个州的投票结果被纳特预测对了49个，只有印第安纳州的投票结果错了。在2012年奥巴马第二次参选美国总统的时候，纳特准确预测了全部50个州的投票结果，其中包括了“摇摆州”和哥伦比亚特区。

如果世界上存在一种像诺贝尔奖一样的奖项，用于表彰过去一年中最聪明的数据使用者的话，那么纳特·西尔弗绝对是最具竞争力的候选人。评奖委员会可以在颁奖词中做如下描述：

> 纳特·西尔弗在经初步研究后提出了正确的假设，而后又根据这一假设挑选出了正确的数据。他遵循“试错法”来不断优化他本来已经很简洁的预测算法，使整个预测系统具备了自我学习功能。在与假设的不断比较中，他反复问自己：从人为

估算角度来看，哪些关联是真正重要的？哪些关联只是出于预测系统统计方面的需要，才看起来显得重要？

对纳特来说，只有数据量少，他才能真正地利用这些数据。这位来自密歇根州不惹眼的统计学家的大数据分析成功事迹的迷人之处在于：事后再去审视，他对于选情的研究与人类基本常识相比，是一种变异形式。所谓的人类基本常识是这样的，一个小男孩跟他的父亲说，刚刚看到前面路上有 5 元钱，他的父亲回答道："孩子，那现在肯定没有了，早就有人把它捡走了。"

纳特·西尔弗创造性地优化了选举结果预测，基本思路很简单，那就是群体智慧优于某一个专家的个人智慧。之前是因为令人难以相信，所以没人真正利用这一点。来源于多个选情预测机构的分析手段肯定比其中某一个机构的分析更能够给出接近真相的预测结果。如果将这种大数据分析理念移植到商业层面，那么我们可以得出这样的假设，即大数据分析的"硕果"藏得很隐蔽。

在这个移植过程中自然会有一些注意事项，而且也很难想象，大多数行业的数据挖掘者会像选情研究人员那样错过真正重要的信息。但从过去 10 年我们的项目研究经验来看，基本上都证明了：

超多的超级"硕果"都隐藏得超级深！

只有当我们抛开了那些时髦话和与之相关的、看似具有说服力的观点时，我们才能真正收获这些"硕果"。换句话说就是，我们必须运用正确的方法，系统地去寻找真正有用的信息。

找对数据比拥有超多数据更有用

如果想收获“数据果实”，我们必须注意以下几点：

☆ **正确的数据**

起决定性作用的不是数据量，而是具有多样性的有用数据。目前，很多企业拥有的数据量已经超出他们的使用能力。有用数据是指重要数据。当然，即便是最好的数据分析科学家也不可能提前就准确地知道，哪些数据对促进市场营销或者提升经营水平来说是重要的。但是如果能够提前知道，就可以大大降低成本，极大地提高数据研究项目的效用，所以项目负责人都会愿意在选取重要数据方面投入大量的时间和资源。经常出现的情况是，掌握的数据太具有同质性了。在大部分的数据应用领域，多样性都是最重要的数据筛选标准。对于结果的质量来说，数据量往往是第二位的。此外，非结构化数据，例如来源于脸谱网、博客和论坛上的数据信息，它们的价值被过分高估了。非结构化的数据信息来源于与企业主营业务关联性较小的一部分人，他们遗留的信息相对来说重要性较小。然而，依据我们的项目经验，在客户资料库中有很多数据宝藏，它们的数量和价值反而常常被低估。

☆ **正确的假设**

我们提出假设，这些假设是通过我们系统的思考和实践经验得出来的。想好了再做，这在数据分析方面也同样是有道理的。一些企业所存在的在数字化方面操之过急的行为，就没有遵循这一简单真理。

☆ **正确的行动**

提出假设并不意味着一开始就对结果带有倾向性。(客户的)世界不会是像我们预期的那样。用杜克大学经济学家丹·艾瑞里的话来说就是，客户是非理性的。提出假设往往只是系统工作流程的起点。假设会在不断“尝试—修正—再尝试—继续优化”的过程中发生变化。

☆ **正确的工具**

能够带来最高增值的并不是最复杂的分析工具，而是最适合的工具。用Excel图表去分析整理区域内直邮业务的盈利情况，相较于利用昂贵的社交媒体数据收集手段去分析“病毒效应”对提升品牌价值的贡献度而言，往往有可能会获得更有价值的认识。同样，有意识地采用“面包黄油方法”，即有规律地抽样控制（统计干扰），可以规避一些错误决策带来的损害，这些错误的决策有可能是由错误地执行或者解读大数据分析结论导致的。

☆ **正确地使用资源**

结果说明一切。在市场和销售行业的智能数据应用范畴内，要时常记住这句话。原因是，人们（尤其是德国企业的决策者）总是痴迷于探寻事物之间的关联性。在每一次系统地大数据分析之后，我们往往只是知道了其中某一特定的相互作用机制，比如在C范围内，目标客户群体A是如何通过盲目购物对B的促销行为做出反应的。然而，我们却没有考虑清楚我们为什么要这么做。过分探寻事物相互作用的原因会使整个部门都感到疲累，就像我们一再体会到的那样。聪明的数据使用者应该知道如何配置分析资源与精力。

基于上述对数据分析的认识和态度，首先在市场营销和产品销售领域，我们给出了我们的“智能数据方法论”：

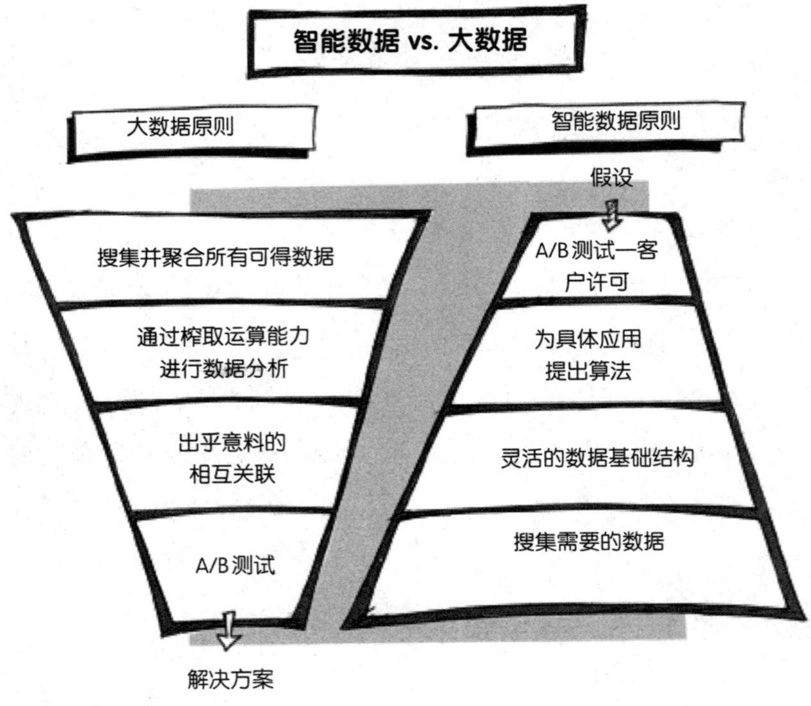

☆ 智能数据涵盖了有计划的、重点突出的数据分析方法和流程，目的之一是降低成本，其二是在既有或是新的商业领域、商业模式中获得额外收入。这些方法和流程将实践知识、理论模型与统计学分析方法、机器的自学习功能（机器学习算法）结合在了一起。

☆ 大数据流程是去搜集尽可能多的数据，然后尝试通过运用存储、计算、分析技术，推导出开放式因果关系。与大数据不同，智能数据是以提出假设为基础，原则上使用的数据量较小，但是具有多样性。

☆ 绝大部分智能数据项目是结果导向型的，同时节省资源。投入使用的IT设备必须持续性地证明它们的有用性。结果导向型以执行能力为先决条件。智能数据项目的规模不会给企业造成经济上或人力上的负担。

“3W”：为什么？如何做？做什么？

从“为什么”开始（德语版本是《永远从问为什么开始》）是一本书的标题，这本书本身很鼓舞人心（不仅仅只是标题具有激励性）。这本书的作者是军事参谋、动机培养专家西蒙·斯涅克（Simon Sinek）。这本书着重从心理层面探讨了领导层如何将企业或者团队引向成功，对领导力的提升给出了良好的建议。这本书的核心主题是所谓的“三步走”，即首先我们要想好，我们为什么要做这件事。其次我们要确定，我们想要如何在企业或者团队内部开展合作。最后我们需要考虑，我们究竟要做些什么，才能梦想成真。

> **首先我们要想好，我们为什么要做这件事。其次我们要确定，我们想要如何在企业或者团队内部开展合作。最后我们需要考虑，我们究竟要做些什么，才能梦想成真。**

围绕这本书的TED演讲在TED大会网站上获得了极高的点击量。演讲时，斯涅克没有使用动画、注解或者插图等辅助手段，他只是在挂图上画了一个圈：

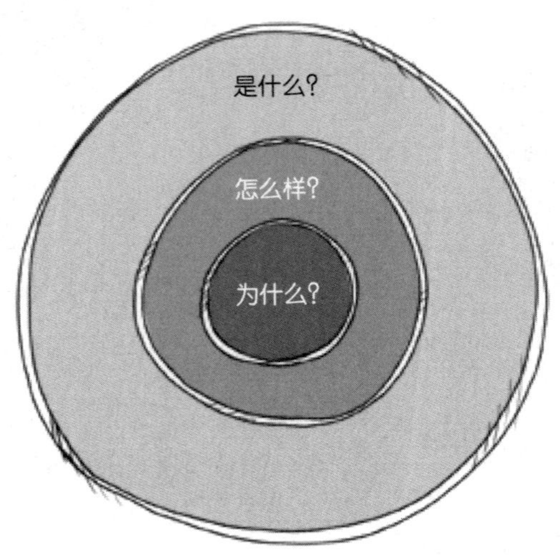

斯涅克将他这个简单的圈称为“人类动机的黄金圈”。“讲故事”专家奇普·希思（Chip Heath）和他的弟弟丹·希思（Dan Heath）估计也会认为这三个圆圈理论具有他们提出的“黏性”特质，属于能够紧紧黏住人心的观点。

关于一家公司如何能够发展成为数据驱动型企业，我们在本书的第三部分会详细讨论。但是此处我们可以先多说一句，这三个同心圆可以被视为数字化战略演进并应用于企业经营的必由之路。

在实施智能数据战略的企业中，这“三步走”战略大体是这样的：

1. 为什么

“一个人知道自己为什么而活，就可以忍受任何一种生活。”这句话不是西蒙·斯涅克说的，而是弗里德里希·尼采。

在每一个行业、每一个商业领域以及每一种商业模式实施智能数据战略之初，都需要分析数字化带来的基本挑战。我们在第二部分会详细阐述这一点。在数字化世界里，没有数据是行不通的，思考过并认识到这个道理的人，会即刻去寻找数字化的解决方案，并且他们需要知道这样做的原因。

在技术变革的时代，企业管理也需要考虑创新。在寻求数字化探索的过程中，我们建议摒弃传统的管理方式。众所周知，企业管理层制定的经营目标（虽然也会结合基层的意见）不是泛泛而谈让大家无从下手实施，就是规定得太过具体详细，就好像不这样做就算不上制定方案一样。

在企业管理中，我们建议通过创造性地组织研讨会的形式来进行决策，企业各层面的员工、投资者、客户和经销商都出席这个会议，集体决策出企业未来一年的发展方向、数字化改革和新数据将在各种具体的发展方案中起到何种作用，以及在实现发展目标的过程中，企业已有哪些能力、还需要发展哪些能力等。

传统的企业管理流程就如同一个金字塔周边有许多箭头，它们从上到下或者从下至上指示，在文章中经常用“级联”形容。智能数据解决方案更像是一个背囊。企业首先需要有一个关于发展方向的大致想法，智能数据解决方案明确这一前进方向，并首先要指出企业需要做好哪些准备。

然后，我们就可以进入“第二步”阶段了。

2. 如何做

我们希望如何开展合作？这对希望挖掘智能数据分析潜力的企业来说，是最重要的问题。换句话说，这个问题的答案是企业赢得数据分析竞争力的钥匙。

“如何开展合作”这个问题还可以引申出三个子问题：

☆ 智能数据只有在融入“企业生活”的前提下才能发挥它的全部能量，所以我们需要关注一个企业的企业文化是怎样的。

☆ 企业文化需要根植于企业的目标体系之中，我们需要关注一个企业的目标体系是怎样的。

☆ 未来的数字化竞争对企业的人力资源、技术资源都提出了一定的要求，我们需要关注一个企业长短期内是如何培育这些必要资源的。

第一个子问题涉及的核心要素包括：数据好奇心，获取知识、技术和数据的途径和分享机制，员工是否可以参与决策，同事之间的信任，勇于尝试的热情等。这也包括了如果发现某种投入明显不管用时，能够果断地决定放弃再投入。

由此我们会发现，企业的目标体系必须做出相应的改变。我们认识的各行各业中的许多企业，为实现公司战略投入很多。但是，很少有企业会大规模持续地奖励推动企业数字化进程的员工。此外，需要改变一下关注“如何开展合作”问题的时间范围。企业会有一些愿景，可能需要 5~10 年才能够实现，我们可以将目光从这样的目标中转移出来，关注一下 1~3 年内需要实施的具体计划。

在涉及资源投入的时候，情况基本是这样的：技术分析手段的供给量是大于需求量的，但是能够给机器设备提出准备指令、输入所需数据，并能将技术、知识转化为生产力的人力资源，却是供不应求。商业智能专家、数据建构师、数据库分析员，以及最具价值的数据科学家会越来越供不应求。智能数据冠军企业高层管理人员在以下两方面不能够过度放权：一是企业技术力量的发展，二是对企业人力资源素质的培养。在数据中会显现出新的竞争优势。如果企业的数字化设备短缺，或者缺少能够操作它们的员工，那么这就是企业高层决策者的责任。

在评估过“数字化冠军是如何成功的”这个问题之后，我们总

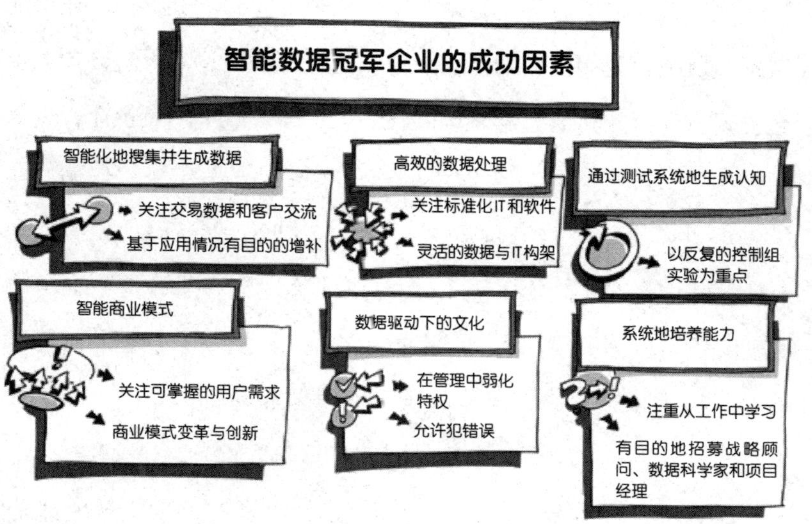

结出了6点对成功来说至关重要的因素，每一个希望赢得数字化变革的企业都应该具备这6个因素。

3. 做什么

成功的智能数据企业会十分谨慎地使用有限的数字化资源。他们一方面避免重复劳动，不支持同质化应用项目，例如不重复支持客户关系管理领域的应用，另一方面，不在不切实际地构建大数据战略幻想方面浪费太多时间。他们做得更多的是结构化、系统性地分析企业的数字化潜力，然后列出发展重点。此处，有一个非常好用的工具，即所谓的数据热图。

热图这个概念在当下很流行。早在1873年的巴黎市议会会议上，热图就作为一种可视化工具首次投入使用，当时巴黎对不同的城区进行了统计调查，热图的应用使统计结果更易于理解。

抓住数字化机遇的核心是要做好两个维度的聚类分析。在智能数据项目中，我们在横轴上系统地归类现有数据，如果有必要，也会去获取易得的其他数据。例如，如果是一家汽车生产企业，那么横轴上的数据就可以分类为车辆数据、客户数据和生产数据。在纵轴上可以显示企业内的哪些人使用了这些数据。通过系统性地对比横纵轴的数据，我们可以相对快地鉴别出哪些数字驱动下的商业案例可以为公司和客户带来更大的增值。此外，热图分析可以使两个数字化项目之间可能的联系变得显而易见，以前可能没人发觉。

原则上，此时人们已经非常清楚应该先做什么了。极有可能先做的事情与“为什么这样做”有关，至少在“怎么做”这个问题被良好地组织起来的情况下是这样。

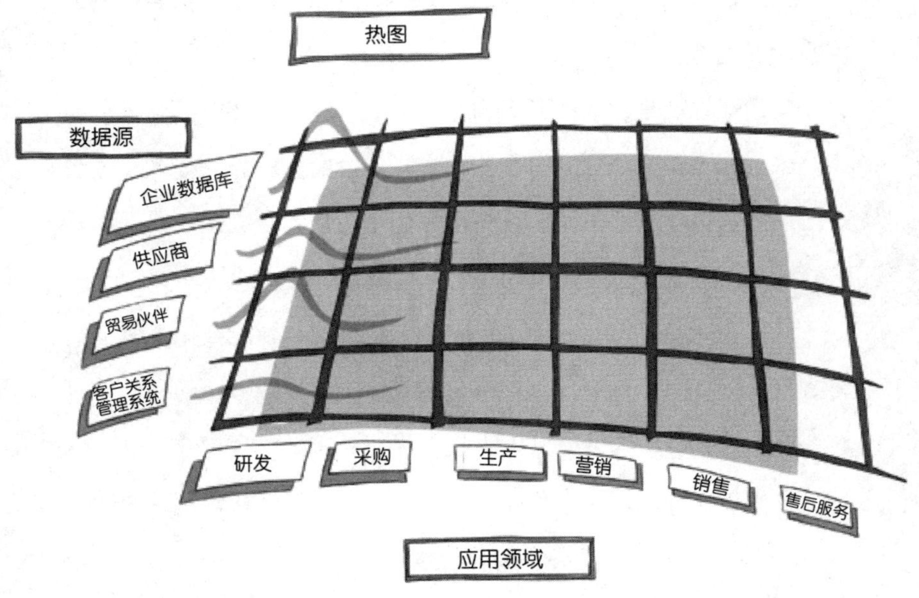

概率击败偶然

如果我们从认识论层面出发，把所有数字化的事物再彻底地审视一下的话，我们可以得出如下结论：我们并不相信大数据理论家预言的“理论的终结”。当数据全然能够解释这个世界的时候，也并非说理论本身就走到了尽头。在没有意外发生的情况下，我们只能基于过去和现在的数据推测未来。但是生活却不是提前预设好

在没有意外发生的情况下，我们只能基于过去和现在的数据推测未来。但是生活却不是提前预设好的。

的。在人类走向灭亡的最后一天，非理性行为和偶然事件会让预言家明白，他们也有预测不到的事情。同样，也不会有人能够长期地准确预测汇率和股市行情，但是，人们可以通过建模来探寻短期事件的发展机制。

反过来说就是，能够意识到预言家能力的有限性并接受这一现实，这也属于智能数据冠军企业的核心竞争力之一。这些企业也明白，预测水平会随着时间的推移得到优化。概率击败偶然不是绝对的，但是在数据分析方面我们会变得越来越智能。

具体到企业经营的日常工作中，是这样的：智能数据分析会利用所有经实践验证过的分析工具，这些分析工具能够协助我们加深对客户的理解，借助这些分析工具，我们可以影响客户的行为。但是，有一些分析工具是不会被选用的，例如那些无法评估其使用效

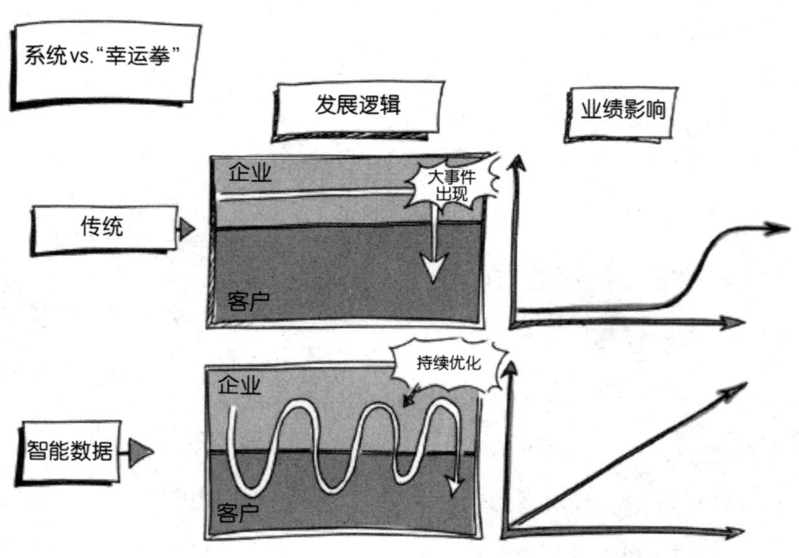

果、对企业人力和财务造成负担的分析工具；还有一些技术分析手段因“自恃过高”也不会被选用，它们认为具有自学习功能的机器可以完成一切，企业原有的人员和模式都已经多余了。

智能数据冠军企业认识到，通过改革成为具有数据分析能力的市场竞争者是一个长期且艰辛的过程。它们也并不会去指望，通过一两个智能数据项目，就能够多快好省地打开全新的、高潜力的商业模式的大门。相反，他们认为，智能地、持续地经营数据是多层面价值创造的“启动程序”，同时，从长期来看，也是巩固既有竞争优势、获得新优势的重要因素之一。欲知详情，请看下一部分。

第二部分

智能数据的循环

SMART DATA

第4章
五步流程实现增值

提出正确的问题

“计算机没有什么用处。它们唯一能做的就是告诉你答案。”这句话出自巴勃罗·毕加索。众所周知，作为画家，毕加索擅长用极其扭曲的方式来表现客观现实，但他却不是数据分析方面的专家。像所有伟大的艺术家一样，他对当时的时事话题有着独特的感知能力。

从毕加索所生活的时代到现在，信息技术的发展是否明显快于现代绘画艺术的发展，这个问题的答案是开放性的。可以确定的是，计算机系统在处理艺术问题方面始终有些困难，比20世纪60

年代信奉科学技术的未来学家预言的还困难。IBM 的沃森认知计算系统可以解码语言，能够理解上下文的意思，可以基于前期输入的报纸杂志信息和维基数据库回答测试题目，回答速度和准确度超过之前任何一位《危险边缘》人类冠军。但就算现今我们超智能的IT系统很聪明，能够提出令人感到意外的问题，它们大部分还是存在一些问题的。

日常生活的实践经验可以让我们认识到：

以数据为基础的价值创造的潜力不一定来源于数据本身。

有一次，一位企业管理者迷惘地说："我原来认为，只要打开潘多拉的盒子，就自然会有新想法出来。"人们就是这样盲目推测大数据的魔力的。当然，人们会从数据中获得很多认识。数据分析会变得越来越智能化，但前提是要选择正确的问题作为出发点。这些问题不是关于对某一行业前世今生的（大）数据分析。最好是召集 5~10 个来自不同项目背景的聪明人，坐在一起共享一下他们精通的范畴，例如对商业模式的理解、对不同价值链领域的专业认知（可以是市场营销、企业运营、售后服务、采购等方面）以及对某一个数据驱动下的解决方案的发展潜力的看法等。然后，提出具有较大思维开放性的问题：

1. 我们的商业问题是什么？
2. 销售收入和净利润来源于何处？
3. 它们产生于价值链上的哪一环节？

4. 通过数字化的解决方案，我们可以在哪些范畴内快速提升价值创造水平？

> 市场份额不断下降的情况是客观的，我们面临的问题与 30 年前、60 年前和 90 年前没有差别，即我们如何去阻止这种下降。

在这里，我们需要再老生常谈地强调一下，在开始任何一项数据驱动下的市场分析之前，都要记得：

市场营销或者经营的目标“任务书”不会因为引入使用了大型计算机或者云计算而发生根本性改变。市场营销和销售人员必须一如既往地关注如何提高市场份额、发掘与开拓目标市场、提升零售业务顾客份额、防止老客户流失、提升客户间推荐频率、增强市场营销措施的影响力，等等。

问题的维度没有发生改变，因此我们也就不需要引入新的参数或者变量来实现数据分析，况且在数据分析的过程中还会产生新的问题。市场份额不断下降的情况是客观的，我们面临的问题与 30 年前、60 年前和 90 年前没有差别，即我们如何去阻止这种下降。数据只能帮助我们去寻找更好的答案。更直观的表达就是：

> 智能数据分析不是从深入的数据分析开始的，而要首先提出具有战略性的初步设想（这个初步想法应具有一定的包容性，可以涵盖企业经营中的核心指标）。在分析人员的组织方面，原则上最好是由来自相关领域的同事组成一个创意工作组，如果决策层、外部专家和客户也能参与进来，就更理想

了。最好不要在自己的会议室里讨论，到外面去租一间配有书写墙和桌子的“创意实验室”。如果在讨论前能够去到一些场所，亲自接触客户，也是一个不错的选择，比如去产品旗舰店、营业窗口，或者去一个普通的银行网点，静静地坐在角落里，观察一下客户。

首先，按照不同部门描述企业面临的最大机遇和（或）存在的问题。会议的主导者必须注意，不要让讨论会向着归纳或者推论演绎式讨论的方向发展。这具体是什么意思呢？

此处我们指的是，创意讨论会经常会出现一种情况，就是整个讨论组都陷在一个思维方向里，会从个别的观察现象中推导出一些普遍原则，然后很快就会上升到对事物规律性的认识，尤其是当领导也有这种思维认识的时候。我们称这种现象为归纳式思考。比较少见的是，一个创意讨论组具有市场营销的理论构想，同时也发现了自己的问题，但是却忽视了所有理论上不会发生的情况。我们倒也经历过这种推论演绎式的思维态度，这也是有百害而无一利的。

在一个智能数据分析流程开始之前，寻找到合适的起点问题的诀窍是，把自己看作一个成员，真正参与到整个思维活动中去。美国创新研究人员，例如汤姆·凯利（Tom Kelly），将其称为“初学者心态”。这种在基本态度上有意识地保持一定开放性的做法，有助于我们不被过多的细节所迷惑，不受之前策略失利的影响，专心关注业务上的问题。这可以帮助我们去探寻不同问题之间的联系，而在此之前，可能都没有人意识到这种联系的存在。

讨论组新鲜但具批判性的观点也渗透到了早先的一些认识中。起初我们认为，人们在感性上关于投入产出的估计与著名的帕累托法则（80/20 法则）不是特别吻合。现在我们觉得，一些想法之所以会产生出来，有可能完全是因为出于某种原因，这一讨论组更喜欢执行这种想法。总之，这些想法不能像变戏法一样被凭空编造出来，也不应该被当作儿戏。此时我们需要做到明确地提出问题，业务问题越是被明确地提出来，越容易被转化为一些初步的工作设想。在智能数据分析流程的早期阶段，这些设想肯定是粗线条的，可以采用下面的形式呈现出来。

我们的企业现阶段为什么没有成长，存在以下 5 个主要原因：

☆ 对部分客户来说，我们的产品太贵了，市场购买力没有达到这种程度。
☆ 与竞争者相比，我们的外部营销业绩差。
☆ 在市场定位不精准。
☆ 对特定目标客户群来说，我们的产品缺乏吸引力。
☆ 由于售后服务太差，导致我们流失了很多客户。

在这个阶段，数据分析只有一个任务，就是推出基本观点并进行论证。到了下一步，任务就发生了改变，创意讨论组需要转变视角，并思考：

数据怎样能够帮助我们寻找到解决上述问题的更优方案？

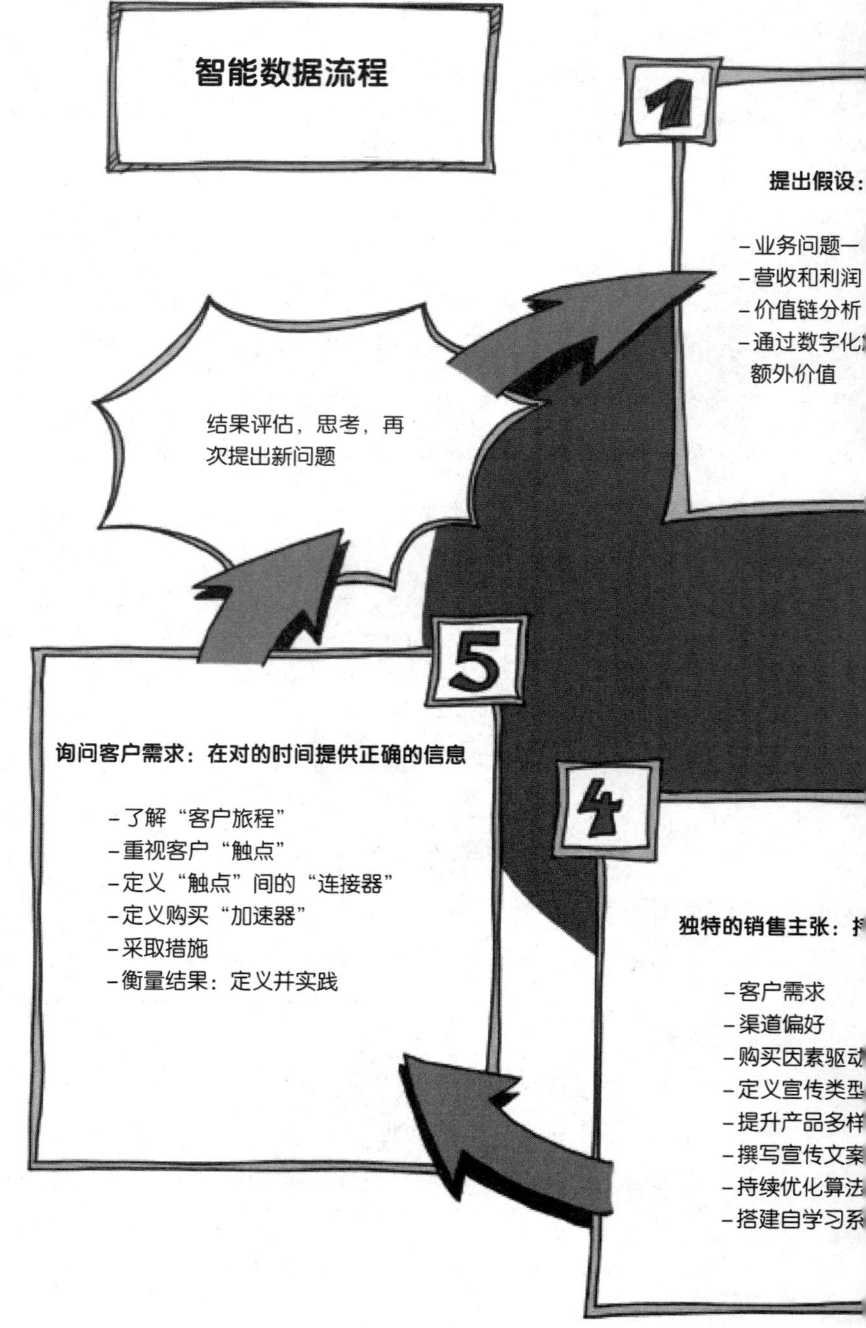
智能数据流程
1
提出假设：
–业务问题一
–营收和利润
–价值链分析
–通过数字化
额外价值
结果评估，思考，再
次提出新问题
5
询问客户需求：在对的时间提供正确的信息
–了解“客户旅程”
–重视客户“触点”
–定义“触点”间的“连接器”
–定义购买“加速器”
–采取措施
–衡量结果：定义并实践
4
独特的销售主张：
–客户需求
–渠道偏好
–购买因素驱
–定义宣传类
–提升产品多
–撰写宣传文
–持续优化算
–搭建自学习

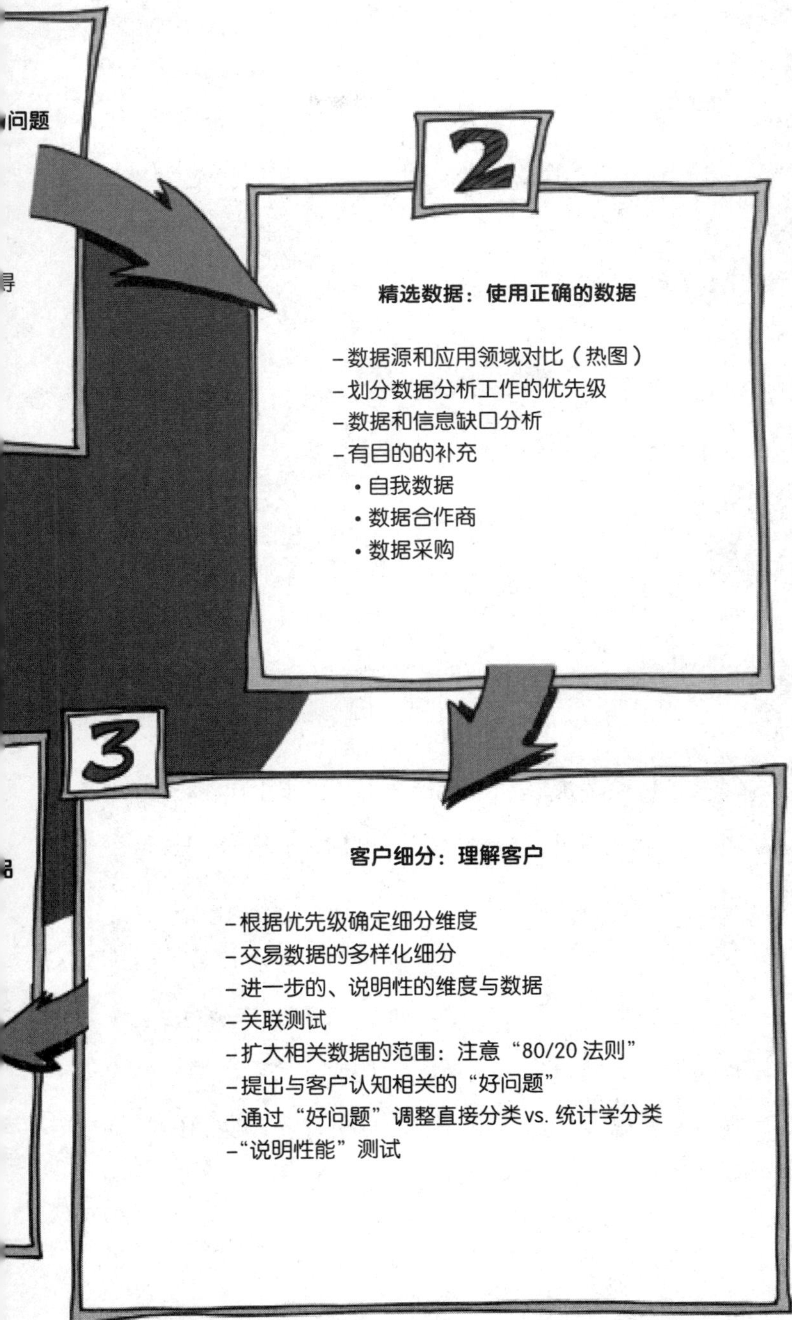
问题
2
精选数据：使用正确的数据
–数据源和应用领域对比（热图）
–划分数据分析工作的优先级
–数据和信息缺口分析
–有目的的补充
• 自我数据
• 数据合作商
• 数据采购
3
客户细分：理解客户
–根据优先级确定细分维度
–交易数据的多样化细分
–进一步的、说明性的维度与数据
–关联测试
–扩大相关数据的范围：注意“80/20 法则”
–提出与客户认知相关的“好问题”
–通过“好问题”调整直接分类vs. 统计学分类
–“说明性能”测试

直白地说，就是将已经明确的问题写在“创新实验室”的书写墙上（要是没有，那就写在挂图上好了），然后讨论组的成员（才第一次）通过头脑风暴的方式探讨具体方案，去发现新机遇或者去解决现实问题。通过这种方式，会获得一个长长的入围清单，列出数个有可能的具体措施，目的都是为了进一步释放数据驱动的潜力。

下面举几个简明扼要的好例子：

☆ 我们必须优化产品设计，从而去吸引高价值贡献的客户群体；我们应该参照对照组实验的结果，去摸清我们需要怎样去修改哪些产品设计参数。

☆ 我们需要为我们的外勤人员配备类似iPad平板电脑的设备，通过与同类客户数据信息的比对，这些电子设备可以给销售人员提供诸如某一个客户购买同类产品的记录，以及促进某位客户追加购买的具体营销话术建议等。

☆ 通过综合分析交易流水和市场研究数据，我们可以更好地理解客户需求，并可以相应地调整目标客户群体的宣传策略，例如50岁以上的客户。

☆ 如果我们通过数据分析可以更好地预测何时客流较大，那么我们就可以更合理地分配工作人员，提高客户满意度。

☆ 如果我们能够放宽退换货的条件，从长期来看，便可极大地提高客户贡献度。通过市场潜力分析，我们应该能够确认，在不影响盈利的情况下，我们在哪些业务上可以这样做。

☆ 定期的促销活动往往针对的不是低端客户。恰当的分析可以帮助我们识别出潜力客户，我们必须将优惠活动控制在潜力客户范围内。

一些小型企业偶尔会开展一些智能数据项目，在这些项目中提出的初步想法只需示范性地具有一定抽象性就可以了。然后，便可以开始去探寻数据源头，目的是更合理地实现为产品定价、满足客户需求或者是优化区域运营管理。然而，在一些大企业的智能数据项目中，按照不同的业务范畴和不同的价值创造阶段，这些初步设想会被系统性地区分开来。此处就会用到在第 3 章中介绍过的“热图”工具，主要是用于结构化地详细解释并定量分析这些以数据为基础的价值创造手段。这样的话，一个项目可能会持续 3~4 个月的时间。

首先要有效提出优化措施，完成了这一点，就意味着智能数据流程的第一阶段结束了。可以通过讨论小组的方式完成这项工作。有时，高层管理者或者中层经理更愿意独立去完成这一阶段的工作，他们或是整夜思考相关问题，或是与雇员和客户直接交流，或是通过与IT部门负责人的沟通，大体掌握通过哪些投入可以获得哪种数据。面对具体的决策事项，民主讨论或者集中决策都是有其根据的，根据不同的事情选择不同的决策形式。但是无论如何，需要坚持的原则是：

在问题清单的最上面，必须列示最有可能获得最大成效的措施。

有时，这些措施可能听起来非常诱人，比如我们需要开发一个App，通过使用这个App，我们可以做到实时地识别客户、了解并满足客户需求。但是，大多数时候情况却是相反的，清单上的那些措施都听起来非常切实、基础，但最终只能面临被彻底忽视的命运。

使用正确的数据

市场是单一客户的集合。如果我们能够准确地认识每一个客户，了解他们的行为驱动因素、实际的购买行为，了解他们的统计学、心理学以及社会经济学特征，了解客户价值以及客户需求（包括显性及隐性需求、必要需求及愿望），他们的信息获得途径，他们对广告宣传的反应及行为，他们可接受的价格范围，购买前的考虑因素，每一个产品种类的顾客份额，他们的品牌忠诚度以及投诉行为，如果我们能够将每一个客户的上述信息都以数据的形式反映出来，我们就能够获得市场的全景信息，了解市场的全貌。从注释学意义上讲，是这样一种概念：我们可以从细节的集合中获得关于整体的认识，而通过全局性的眼光，我们也可以更好地了解市场和单一客户。

我们可以从细节的集合中获得关于整体的认识，而通过全局性的眼光，我们也可以更好地了解市场和单一客户。

在《我们的数据》一书中，我们将这种理论上的市场全景图称为“市场拼接图”。完全竞争环境下的市场主体可以随时、按需要的“粒度”审视这张“市场拼接图”。在《我们的数据》这本书中，我们认为，最好的地图就是比例尺为 1：1 的地图，但是这样的地图肯定很大，装不进后备厢里了。三年来的实践经验和其后的数十项智能数据分析让我们更加相信，“市场拼接图”很有可能会停留在一个自相矛盾的营销梦想阶段。在所有企业中（我们认为在所有企业中都是这样），数据资源都在被荒废，在尊重数据保护基本政策的基础上，通过利用这些数据，可以总结出有效的市场营销措施。

在进入智能数据流程的第二阶段之前，我们先拿出之前列好的初步想法清单和热图。按照下列三个启发性问题的次序逐一考虑清单上的假设。

- ☆ 目前我们已经掌握的哪些数据源可以帮助我们找到解决办法？
- ☆ 我们缺少哪些数据，还想进一步获得哪些数据？
- ☆ 通过（a）自行收集，（b）以信息互换的方式从合作方处获得所需数据，（c）从外部购买所需数据，分别需要投入多少成本？

如果想有一个概括性的认识，那么最好是视项目的复杂程度，采用单一或者复合图表的形式，将数据可能带来的增值（数据吸引力）和获得数据需要付出的成本（数据可获取性）之间的关系呈现出来。

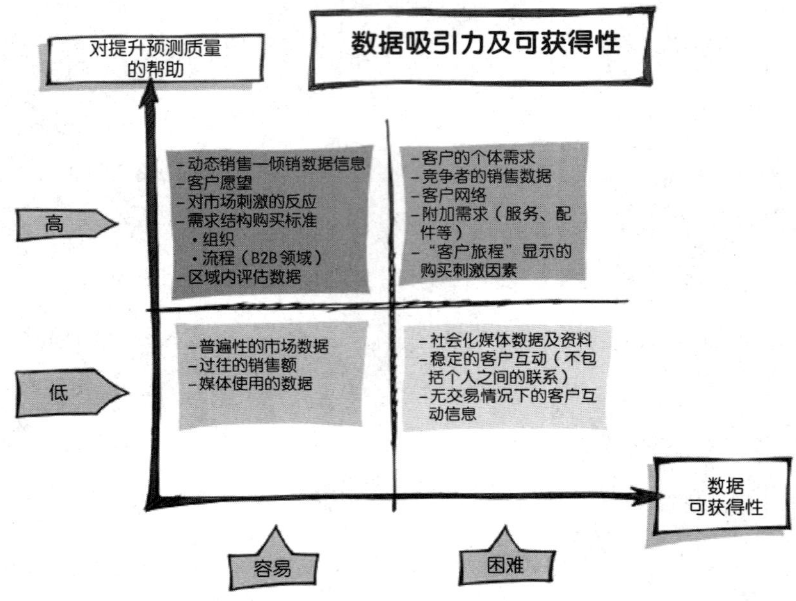

通过梳理并理解既有和潜在的数据源，大多数企业反而找不到清晰的思路了。一个原因是，很多企业发现它们拥有的数据量远远超出它们的应用能力。这一点在交易数据上反映得最为明显。但是，不能仅仅因为客户信息数据库不能与用户产生相互作用，就认为数据库中的数据是没有意义的。我们需要赶快建立起一种意识，即只有通过无负担地审视我们具有功能障碍的ERP系统数据，才能够使"数据坟墓"①重新焕发生机。事实情况也往往是这样的。另外，市场营销人员需要意识到，出于数据保护原因导致的数据使用障碍越来越少，低于内外部数据管理人员宣扬的程度，尤其在涉及个人数据的使用与收集的时候。还有一种普遍认识渐趋流行，那就

① 即那些不会再被访问的数据。——译者注

是在单一客户层面，缺乏交易数据并不会导致智能数据分析工作停滞，相反会使项目进行得更快。一开始就掌握较少信息的人，反而会更快地获得相应的结果。这是因为掌握的数据越多，工作量也就越大，就越不易获得结果。

同一个决策者，当听到公司已经拥有 200 万个客户时，这也许对他来说是个好消息。但是，如果他随后又听到，在这 200 万个客户中，“我们只掌握 20 万个客户的邮箱地址，而其中还有 1/3 我们无法确定是否还在被活跃使用”，那么这个决策者可能会感到不安。市场数据并不能算是可靠稳定的信息，通过购买方式获得市场数据也比我们想象的贵很多，这也是很多公司至今没有花钱去额外购买市场数据的原因之一。

我们已经感觉到，在数据项目的这个阶段，舆论氛围发生了逆转，期望借助分析工具从数据瘫痪中解脱出来比我们想象的还要艰难和耗时。我们还是先别这样做了。在智能数据流程中的这个阶段，如果想获得成功，那么项目负责人就需要马上启动以下步骤：

- ☆ 不用非要获得大而全的数据量。试验证明，基于现有 30% 的数据以及既有的数据质量开展数据分析，我们就可以获得更好的增值。但同时阐明，这仅仅只是起点，每一次数据迭代更新都会带来惊人的“学习效应”。
- ☆ 系统性地寻找潜在的合作伙伴开展数据互换。他们可以是供应商、贸易商、金融服务提供商、通信公司或影响力较大的电视节目。这样做的目的是建立一种网络联系，网络参与者在数据方面互相支持，以期获得对客户潜力更准确的认识（有时也包括对单一客户的认识）。

☆ 尽可能准确地评估出，为获得缺失数据我们要付出多少成本，以及这样做可以为我们带来多少增值。简单地说就是，我们需要有一个确切的决策基础，才能做出投资决策，从而才能获得数字化竞争力。

☆ 寻找到解决问题的非常见做法。经验表明，几乎所有的数据问题都有一个创造性的解决方法，这个方法既不会拖延项目进度，也不会影响分析结果的准确性，但一样可以解决问题。

举个例子。在贸易中，一个典型的问题就是，我们不认识客户。客户进店的时候我们不知道他的名字，走的时候我们一样还是不知道，除非这个客户持有会员卡。我们可以期待，会发明一个客户关系管理系统，通过蓝牙、信标或者客户App等方式，帮助我们识别进店的客户是谁，并且将全套客户信息发送给店铺柜台。但是无论如何，我们现在还不知道，哪些正在测试的系统将来会投入使用，以及有多少客户会使用这些系统。

柜台开出的票据和电子商店的运行数据均以百万计，在初始阶段，系统性地利用这些信息具有一定意义。与开展一个包罗万象的大数据分析相比，此举可以获得一个基于客户行为的客户分类结果。我们肯定是要推广这种CRM系统的，但是当我们意识到存在这种相互作用的客户分类，且据此实施了相应的市场营销和企业运营措施，并积累了关于这些措施的效率和效果方面的经验之后，我们将能够更智慧地推广使用这个系统。

总结一下，当我们解决了如下问题，智能数据流程的第二阶段就接近尾声了。

☆ 我们了解了如何更好地走近客户。

☆ 我们了解了需要哪些数据辅助我们寻求问题的解决方案。

☆ 我们知道，在不增加公司技术、人力和财务成本的情况下，我们如何获得所需的数据。

客户需求理解

“更好地了解客户需求”。这九个字可谓是数据革命给予服务业最大的承诺。作为全球最大的在线商店，亚马逊很好地示范了在数据库基础牢靠的情况下，针对单一客户市场，它是怎样将数据革命的愿景转化为现实的。在线商店将数据资源嵌入到它们的系统中，作为发货商，在线商店可以获取所有客户的名字和地址信息。通过分析在线消费者留下的信息痕迹，在线商店可以更准确地定位到潜力客户群体。虽然在线商店不是真的对它们的消费者有私人了解，消费者对它们而言只是以不同的 IP 地址形式而存在，但光是这些 IP 地址也留下了内容丰富的购物信息，这对在线商店来说有很大用处。

“更好地了解客户需求”。这九个字可谓是数据革命给予服务业最大的承诺。

很多与我们合作过的公司，本身都不是纯在线供应商。它们一般都来自相关领域，后来创立并扩展了数字化业务。它们服务于单一客户，并且会要求雇员尽量去满足客户的个性化诉求，并提供客户咨询。但是它们现行的市场营销和企业运营措施中的绝大部分是基于客户细分，或者说是基于一种建模——这个模型致力于寻求客户行为的普遍规律。

客户细分的意思就是，将市场细分为不同的客户群组，每一个群组的客户都具有同质化的消费行为。或者更确切地说，按照做出消费决策之前相同或者尽可能相似的决策因素，将客户进行分类，但是不同的决策因素最终产生出相同的决策结果也是有可能的。不同客户群组之间，在消费行为方面最好界限清晰。在书本中，这属于逻辑的同一性原则，但在实践中情况可能还不一样。

在智能数据流程进入第三阶段之初，我们需要先系统全面地评价公司现行的客户细分情况。然后我们会很快地发现，不同部门之间遵循着完全不同的客户分类逻辑。在一个企业集团中，往往会有数十种客户分类共存。当我们系统梳理并回顾之前的工作，会呈现出如下情况：

☆ 营销战略部门按照心理因素进行客户分类，致力于探究客户价值和客户需求。这方面的一个例子就是目标客户模型Sinus Milieus，或称Sigma Milieus，即基于人群的市场细分模型。除了社会阶层从属（即社会地位）之外，这个模型还考虑了其他一些主要的影响因素，例如传统、现代化（个性化），还有自身重新定位等。战略规划者认为客户分类应基于他们的生活环境，这对企业的长期定位和战略规划来说无疑是有意义的。

☆ 产品营销部门优先考虑的是消费者类型。这基于一个根本性问题：对于某个具体产品或者服务，我们如何能辨别出一个人

- 是否知道这项产品或服务
- 是否需要这项产品或服务
- 是否会购买这项产品或服务

☆ 典型的客户一般会具有X、Y、Z等共性特征，一般我们叫这类客户Jens M。

☆ 运营部门会从交易数据、需求数据和潜力数据维度进行客户分类。经营部门会根据A、B、C类客户或者相应的A、B、C类潜力客户的营业额贡献情况，优化拜访客户的频率。

在各行各业都存在着这种或好或坏的客户细分。我们也看到，各个层面的市场主体都在努力尝试，通过利用更优质的数据达到更精准的客户分类，为客户分类补充新的维度和标准，使之达到与时俱进的水平。这样做肯定是对的，也有好处。但是却没有解决一个根本性问题：

在一个企业中，如果同时存在太多的客户分类，那么相应推出的市场营销手段将在市场上呈现“打乱仗”的状态。

夸张点儿说，在很多企业中，客户细分的实际情况是这样的：一个粉刷匠、一个木匠和一个做窗户的人要合作盖一间房子。但他们对于业主的实际需求和想法却有着完全不同的看法。他们之中，一个只说德语，一个说波兰语，一个说葡萄牙语。更糟糕的是，既没有工长，也没有建筑师带着他们一起施工。

有时候，在客户细分方面缺乏一致性的影响并不明显，因为不同的部门终归还是在市场上各自为战。继而可以预见到的是，适用于某一个部门的广告传单，可能没有具体反映公司的整体情况，也未对公司整体业绩产生积极影响。这种传单对促进销售额增加的作用也就一目了然了。

相对较大的智能数据项目的目标之一，是将公司内部关于客户的不同视角和观点整合协调起来，这样，营销战略部门、产品营销部门和运营部门就可以建立起具有一致性的客户理解。现在对此比较流行的表述是：集成分类。

在理想情况下，客户集成分类是这样的：公司内所有市场营销以及和运营相关的职能部门都使用同一个由社会人口统计学、心理变量、交易数据信息聚合而成的信息池。我们可以把这个信息池想象成一个多维立方体，IT专业语言称其为OLAP数据集，OLAP意即联机分析处理。通过持续性地分析客户考虑问题的视角，数据集可以推测出影响购买的因素，并建立对这些因素的统一理解。反过来，一旦这种统一理解得以建立，公司内所有的部门就可以或者必须重新审视一下自己部门所处的这一环节，并调整自己的工作，使其与部门的职能定位与工作任务相符。

综上所述，持续性地思考并贯彻集成分类的好处有两个：

☆ 集成分类将可得信息整合起来，让我们更好地了解客户；
☆ 集成分类为公司各部门提供了统一的客户描述，在很大范围内减少了因各部门之间客户理解不同而对客户营销带来的“摩擦损失”。

理论上的东西就介绍到这里。数据分析领先者会越来越多地将理论应用于实践。对此，他们需要具有战略性的远见，并对理论转化为实践的过程有足够的耐心。但我们相信，这种投入是值得的。

大量研究证明，从长期来看，以客户为中心是最重要的竞争优势。市场越是朝着以客户为中心的方向发展，就越需要清楚准确地掌握客户情况。在一开始越是看重客户细分，客户细分的逻辑越精确，那么后期在策划和执行市场营销措施方面的投入就越少。

大量研究证明，从长期来看，以客户为中心是最重要的竞争优势。市场越是朝着以客户为中心的方向发展，就越需要清楚准确地掌握客户情况。

还有一点对智能数据项目来说也很重要。如果在未来的1~3年内，没有机会将研究理论转化为实践，那么建立在所有部门的可得数据基础上的集成细分逻辑也不会有什么用。智能化的客户细分是迭代发展的，意味着包括子项目和测试在内的持续投入，这些子项目和测试在公司中获得了积极的关注，并为智能项目的开展扫清了可能存在的障碍。

我们将这种做法称为智能数据分类。

需要注意以下几方面：

☆ 智能数据分类的起点，是智能数据流程的第一和第二阶段所总结出来的初步想法以及问题清单。它们能够提示我们，哪些关键领域需要进行细分，甚至包括相关的细分维度。

☆ 必须让之后直接或间接从事客户需求满足的部门工作人员参与客户细分。如果让营销战略部门自己去考虑需要涉及的部门，而没有把实际与客户接触的部门考虑在内，那客户细分工作也不会产生效果。

☆ 智能化、集成化的客户细分需要具有一定的超前性，要通过识别与未来客户细分相关的关键性问题或标志性特征，尝试预测与其他行业领域的融合问题。

☆ 信息的数量经常不如期望中的那么多，信息质量也不尽如人意。我们可以先从规模小一些的信息池开始，着手做一些简单的关联测试。有时候，包含购物记录和客户关键特征的几百个电子邮件地址就足够了。如果这些测试显示项目大有希望，那么接下来我们便可以去考虑逐步提高可用的源数据的占比。

☆ 当智能数据分类与（大）数据革命的时代精神相悖时：在智能数据分类时，要有勇气对某些有帮助的参数“说再见”。当我们确定，可支配收入因素对购买决策的影响程度是地域环境从属性因素的 50 倍以上时，未来我们就需要将环境数据排除在考虑范围之外。此时也要考虑 80/20 法则。

☆ 一个时常被低估的数据来源是“丢单分析”。这对价值高、数量少的产品和服务作用明显。经验证明，客户非常乐于回答某些问题，比如你为什么没有购买某辆车。当一个客户在一次试驾过后，就再也没有出现在汽车店里时，我们必须要联系他并且询问他问题出现在哪里。此时，从相对小的“丢单分析”信息池中，我们可以归纳出有价值的认识，并采取相应的市场营销手段。

当大数据解决方案尝试从尽可能多的数据中意外地发现事物之间的联系或者分类时，智能数据集成分类是有目的地先行一步。起初，只是处理一些日常可得的数据信息，例如交易数据。基于所有关键数据点，数据科学家可以将所有交易数据进行统计学分类，以行为作为分类依据，将数据分为不同的群组。接下来，可以总结出一些具有说明性质的数据特征，例如人口统计学特征、客户价值和需求等。明确的数据特征使提出适合的“独特的销售主张”（简称 USP，详见智能数据流程第四阶段）成为可能。基于交易数据的基础客户细分再反过来促进我们与客户的日常沟通。

客户细分黑盒子

客户细分的目的是，基于现有数据的特征，将客户识别为尽可能同质的，或是尽可能彼此异质的群组（簇）。在将相似的要素进行分组或在发现数据中潜藏的模式方面，存在着不同的操作方法，这些方法源自机器学习领域“无监督学习”范畴。最重要的几个分类操作方法如下：

1. 分层聚类分析

这种操作方法是基于前期已经识别出来的数据特征（例如通过识别市场上同质化群组的社会人口统计学特征、使用行为和观念）测算出被观察者（个人或公司）之间的差异，并据此建立矩阵。这个矩阵也分为许多行，同数据库中被观察者的分类占比保持一致。被观察者之间的差异涵盖了所有已识别的数据特征，并且可以通过不同的方法计算出来。在分层聚合的过程中，一对儿被观察者在一个循环流程中被反复概括比对，就连最小的差异也会被发现。这个流程会一直不停地循环重复，直到所有的被观察者都被纳入某一个簇中。这个积聚的过程可以通过多种不同的算法实现。比较常见的算法包括单联聚类法（即SL聚类，又称邻近算法）和凝聚层次聚类（沃德法）。根据算法之间不同的聚合逻辑，会产生不同的聚合结果。采用单联聚类法可以识别出一些较小的边缘群体，若采用凝聚层次聚类法，那么簇的规模一般会比较均衡。

分层分析方法的优点是，不需要事先就知道簇数，而是借助于统计学参数预估出理想的簇数，从统计学的角度出发，理想簇数的确定需要考虑到组内同质和组间异质之间的平衡问题。分层分析方法的缺点是，计算量非常大，且只适用于小规模的数据量。很多时候，分层分析方法被用于分析通过社会调查形式获得的数据。分层分析流程也适用于从大数据中进行随机抽样，目的是获得稳定的分类并且确定簇的数量。后续，数据科学家会采取分区操作，将聚合结果扩展到整个数据库。

2. 划分聚类分析

在分层聚类分析过程中，不需要事先就确定簇的数量，这对模式探索型的聚合分析流程来说是一大优点。然而，在划分聚类分析中，必须要预先就确定好簇的数量。总体来看，划分聚类分析的各种方法间存在共性，都是根据预先确定好的簇的数量选择出相应数量的对象，将每个对象的初始值作为单一簇的平均值或者中心点，然后反复调整聚类划分，直到误差函数最小化为止。其中，最著名且应用最广泛的误差函数是K均值（K-Means）算法：先根据既定的簇数随机选择出相应数量的对象，将这些对象的初始值作为每个簇的平均值，对剩余的每个对象，根据其与初始均值之间的差异程度，将其归入相应的簇。然后再重新计算每个簇的误差函数平均值。这个过程不断重复，直到每个簇中各对象的差异不显著（或者说误差最小化）。

划分聚类分析中还有一种算法是K中位数（K-Medians）或者模糊C均值（Fuzzy C-Means）。K均值的最大好处是，它尤其适合大规模的数据分析，因为它在算法方面不像分层聚类分析那么复杂。但是K均值算法的问题在于对异常值的敏感度过大，偶尔会导致十分小的聚类被划分出来。另外，该算法是基于随机选取的初始值，因此在反复调整过程中，划分结果不是很稳定。此外，结果缺乏可再现性也是缺点之一。分层聚类分析可以补偿划分聚类分析的缺陷，因此可以将分层聚类分析中产生出的聚合分类结果作为K均值分析方法的簇数起点值。

3. 密度聚类分析

密度聚类分析背后的逻辑是，将被观察者视为一个空间内的点，尽管这些观察者之间存在很多差异化特征。首先我们要识别出这个空间内的高密度区和低密度区，并以此为基础建立起簇。这种分析方法的核心流程就是所谓的"具有噪声的基于密度的聚类方法"（Density-Based Spatial Clustering of Applications with Noise，简称DBSCAN）。根据这个空间内点之间的距离，我们会识别出密度最高的区域，并将这个高密区内的点作为核心点。还有一些点处于中等密度区域，我们将这些点称为边界点，被归至周边的簇。还有一些点，分布非常稀疏，我们将这些点称为噪声点。DBSCAN分析方法的优点之一，是不需要提前就确定簇的数量，这与分层聚类分析法有异曲同工之妙。与K均值分析法相比，DBSCAN方法具有一个关键优势，即可以识别非线性聚类，并可以有效对抗异常值。但是当空间簇的密度不均匀、间距差相差很大时，DBSCAN聚类质量较差。DBSCAN是相对比较新的聚类分析方法（1996年才被提出），目前已经发展成为机器学习领域最重要的算法之一。

4. 模糊聚类分析

目前既存的系统化聚类分析流程都是将一个因素明确地归入某一个簇中，这是所谓的“硬流程”。模糊聚类分析属于“软流程”，即某一个因素可以被归入一个以上的簇，换句话说，就是在识别聚类从属性的不同等级。模糊聚类分析中最有名的算法是模糊C均值（FCM）。首先假定每一个被观察对象都能够或者倾向于被归入一个簇，那么处于簇中心位置的被观察者归入这个簇的可能性高一些，处于簇边缘的被观察者纳入这个簇的可能性相对低一些，或者说簇边缘的被观察者也有可能被纳入其他簇。

从技术层面上看，模糊聚类分析的逻辑与K均值算法类似。模糊聚类分析这一设想的目的是，实现一个被观察对象被归入不止一个簇中，这在某些特定的应用案例中更具现实价值。如果市场和客户细分部门希望获得明确的聚类结果（例如要去评估某一聚类集合的市场潜力），在对客户针对不同商品种类的消费行为和购买决策进行统计分析时，多维的聚类可能更有意义。例如，为了精准定位并营销旅行社潜在客户，我们可以利用模糊聚类分析方法，通过分析交易数据信息，从而去识别客户的旅行类型。此时，有些客户或被归入多个特征组，例如海滩度假组、城市游组等，这可以帮助我们为客户提供多样化的选择。

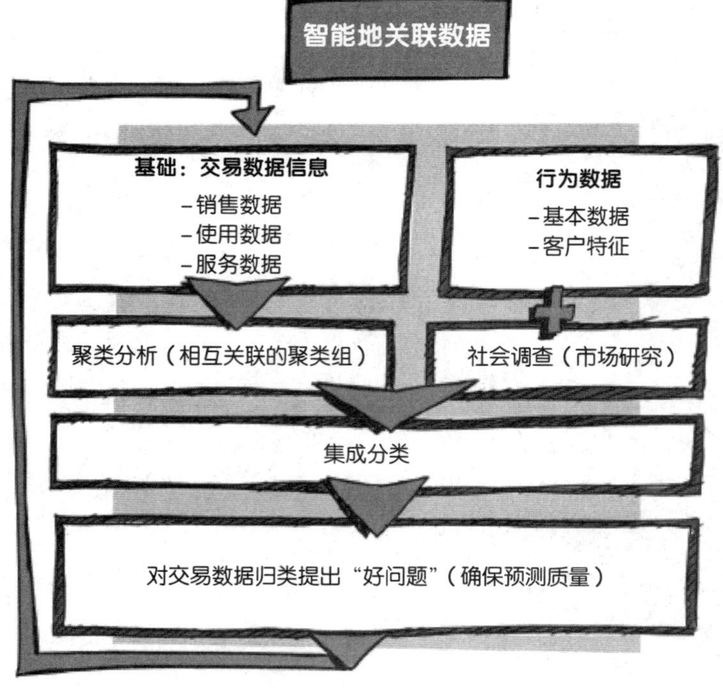

多维度的统计学细分流程如果想起作用，那么首要的就是对使用者而言，分类结果不能太宽泛。举一个分类结果宽泛的例子：有一个关于消费者的聚类分组，组中九成的消费者收入较高；85%的消费者是稳定客户，并且会关注商品的质量、安全性和售后服务；组中的消费者平均家庭人口在 2~3 人之间，每月平均支出 980 欧元用于家用，这其中有 430 欧元都是在同一家商店消费的。企业如果希望通过聚类分析来获得决策支撑，那么分类结果所要描述的特征应该尽可能少，并且清晰可辨，这样对企业来说容易理解、易于操作。

所谓的"好问题"（Power Questions）可以帮助我们，将客户归于某一细分类别中。例如可以这样提问：

☆ 客户会购买名牌商品吗？
☆ 客户每个月是至少给我们支付 400 欧元购买生活用品吗？
☆ 客户基本上 80% 的结算都要通过转账完成吗？
☆ 客户买婴儿用品吗？

"好问题"的答案是明确的，通过这些答案可以建立一个决策树。通过决策树调整统计学聚类分析结果，我们会发现，聚类分析不一定能够百分之百贯彻下去。在理想情况下，90% 以上的客户会被明确地归入某一类。70%~80% 的聚类程度是可接受的水平。如果聚类水平低于 70%，就不足以获得清晰可辨的分类结果。原则上，我们此时就可以判断我们初步设想有问题。在这一点上，大家的观点也不统一，不过及早地意识到这一点，并提出新的设想，重新运行一次智能数据分析流程，也没什么坏处。不准确的细分无疑会导致瞄准错误客户或者采取错误的市场营销措施，从而给公司造成损失，重新运行总比遭受这些损失要好。

同时，即便是达到90%聚类水平的最好的细分情况，如果客户服务人员不能理解或者不能够正确使用，那也是惘然。这听起来是理所当然的事情，但是在实践中却经常被忽略。

对此，我们在一个世界领先的IT生产商的大项目中感触最深。企业总部的战略营销部门逻辑清晰地为大部分B2B聚类分组都起了名字，比如“印刷发烧友”或者“累垮的工人”。然后成立了产品设计部门，并制定了产品战略。遗憾的是，处于销售环节的员工无法理解什么是印刷发烧友，哪些人又是累垮的工人。

智能数据细分能够帮助我们有效减少、简化聚类结果。首先，我们分析易得的交易数据，根据交易额信息确定出所需聚类。接下来，我们转而分析市场研究提供的购买决策信息和有关公司构架的信息。然后，我们制作有针对性的广告，并将广告信息准确传递给正确的目标客户，达到90%以上的“击中率”。这样可以减少瞄准错误客户的情况，并且可以提高广告的有效性，使广告的效用与增额投入成正比。

市场营销人员不需要精通，也不需要深入理解这些数理统计学原理。但需要知道的是，原则上，对交易数据的分析是起点，进而去分析交互数据和市场研究数据。智能数据分析和传统的聚类分析方法的目的一样，都是尽可能地分析出同质群组中清晰可辨的消费者行为特征。获得一次性、静止的分析结果不能算作数据分析成功，我们需要的是每月、每天甚至是实时都能进行动态分析。

> 智能数据分析和传统的聚类分析方法的目的一样，都是尽可能地分析出同质群组中清晰可辨的消费者行为特征。

产品设计部门的可视化工具特别适合用来展示聚类分析结果。例如，用情绪板展示特定类型客户的生活空间，或者利用Mockups产品原型设计工具呈现出与真实大小一样的实体模型，使同事们对聚类分析结果产生感官上的认识。还有一些企业实现了进一步发展，引进并使用了设计思维工具。它能够让使用者产生身临其境的感觉，仿佛坐在目标客户群体的起居室中，或者仿佛自己是一个客户咨询顾问，坐在一个特定观察环境中的角落里，静静地观察并分析客户行为，此时，对客户分类将会有更敏锐及清醒的认识。

真正的智能数据聚类分析

让我们暂时先把市场营销的事情放下。在一个广告宣传和产品销售更完善的世界中，极其智能化的客户聚类分析应该是什么样子的呢？我们可以设想一下。在这个世界中，宣传这个概念不再适用了，因为一对一的交流更像是对话，而不是宣传。针对具体的交易是如何发生的问题，产品价值和客户社会从属性因素的指导意义也逐渐弱化。

我们不再按照年龄、收入或者最喜爱的汽车品牌等因素划分潜在客户类型。我们已经意识到，消费者本身具有复杂的特质。对于每一个消费者而言，在其做出每一次购买决策时，考虑的因素都是完全不同的。真正的智能数据聚类分析可以告诉我们，在不同的消费情境下，影响单次购物决策的因素都有哪些。相应地，以具体客户为中心，可以为每一次购物决策提供量身定制的分析结果。在极限情况下，每一个细分类别中仅存一个客户。

换句话说就是：在每次市场营销措施实施之前，基于重要的购买影响因素，一个反应性能良好的、持续自学习的IT系统会整合出一个全新的聚类，并将单一客户有目的地归入其中。

为了进一步说明这一点，我们拿银行业举例子，银行业受制于严格的数据使用限制，目前还没能够做到精确地满足客户需求。将来，银行不需要再按照年龄、收入等标准将客户归类，例如这个客户31岁，月收入2 600欧元，按照储蓄账户的工资记录可以推测出他在一个大集团的子公司工作，他有一辆大众POLO汽车。相反，即便这个客户还没有在银行开立贷款账户，银行也知道，无须再去向他推荐住房抵押贷款业务。因为，这个客户刚刚被系统归入了一个新生成的聚类中：他是一个小朋友的父亲，住在一个新建住宅区内，且已经拥有了房屋近100%的产权。

我们应该允许银行合法地使用这些数据，因为IT系统早就可以完成对客户的动态实时分类了。我们不应该让真正的智能数据聚类分析仅停留在想象阶段。我们从银行的客户关系管理系统和账户信息中可以轻松访问这些数据。产生的统计费用很直观，且操作简单。银行的客户不会再收到标准化的银行通知单了，取而代之的是真正符合每个客户实际情况的通知单。这样，客户会觉得银行十分清楚他们的需求，最终，这会为银行带来更大效益。

提出自己独特的销售主张

我们如何能够使我们的产品与客户需求相适应，从而……

- ☆ 提升某一个已识别的聚类中客户的购买意愿呢？用市场营销术语表达，就是我们能够常常让客户按下“购买键”。
- ☆ 提升必要的市场营销措施的盈利性？或者我们可以准确地预见到，哪些市场行为可以让我们实现盈利。

这两个问题的答案就是智能数据分析流程的下一阶段：提出自己独特的销售主张：此处我们探寻的是“是什么”的问题，即我们要改进产品的哪些方面。至于“怎么做”的问题——我们希望如何满足客户需求，我们放到下一阶段去讨论。

在探讨“是什么”时，经常会出现的情况是讨论泛滥。原因是，这个问题的答案范围本身就很宽泛，答案有可能是“我们需要适当调整一下直邮策略”“在周末开展打折促销”，或者“做广播广告以提高知名度”，甚至是“我们还是干脆换一种产品吧”“我们需要彻底改变我们的网点选址策略”。

在智能数据框架内，我们会去尝试系统地调整一个产品所有可能的变量，这项工作需要由一个复合型的专家团队来完成。需要注意的是，在着手工作之前，要清楚地定义出产品变量的范围，例如价格、颜色、打捆、包装、产品说明书、附加金融服务。后续，不同的信息会被分别归入这些变量范围内。

在智能数据流程的这个阶段还需要注意，智能化意味着，在可预见的时间内具有实现的可能性。在一个月之内或者一年内，我们究竟能够将哪些成果转化为生产力？做完这些之后，我们又通常会获得什么？

为此，我们需要关注一下通过数据获得的新认识：

☆ 客户需求（尤其关注老客户需求）

☆ 渠道偏好（尤其关注口袋份额较低的客户和潜在新客户）

☆ 购买驱动因素（价格、产品、种类、咨询、服务、地点便利、舒适性）

问题的答案与使用场合高度相关。但实际上，根据案例经验，答案也会因以下几方面因素而有所不同：

☆ 在X客户分组内，有可能通过捆绑销售实现交叉销售。

☆ 在Y客户分组内，具有通过提供更高附加值产品实现向上销售的潜力。

☆ 在Z客户分组内，清晰说明服务内容，可以有效提高客户口袋份额。

☆ 当我们扩大或者缩减产品种类时，我们可以获得新的客户分组。

☆ 当我们改善客户咨询服务后，我们可以优化A客户分组内的客户关系。

我们这样做的目的，不是去创造出一种产品，使其能够适应全部组别客户的需求。能做到这样当然好，但这不现实。相比之下，我们更需要做的是，塑造出具有现实意义的、有市场吸引力的、能够经受住市场考验的产品线，并以数据为基础，不断地去优化它。

我们后续还会详尽地论述这一问题，这里先提一下：

我们的目的是要搭建一套自学习系统。

通过在各分类组中的系统性对照实验，我们可以检测出，哪些产品变量在哪个客户分类组中可以取得最大的盈利效果。然后，在智能数据流程的下一阶段，我们可以进一步地校准我们的认识，综合考虑销售时机、销售渠道等因素，使USP更加具有针对性，从而一步步挖掘客户潜力。

然而，特别是在智能数据流程的第四阶段，提出具有普遍性的智能USP和市场营销法则是很难的，甚至不可能，这是由第四阶段本身的性质所决定的。因此在本书的第三部分，我们会列举很多案例，这些案例试图去提出独特的销售卖点，为智能化的客户营销（在对的时间、采用适当的营销话术、提供适合的产品）奠定了基础。

正确地吸引客户

如果我们想更好地吸引客户，我们就必须要知道，在购买之前，客户是怎么知道这个产品的，他在来买东西的路上都经历了什么。即便在数字化时代，还是需要了解这些情况的。数据仅能够帮助我们，在每次与客户实际接触的“触点”，丰富我们对客户的了解。上一句话的重点是“每次”。

> 如果我们想更好地吸引客户，我们就必须要知道，在购买之前，客户是怎么知道这个产品的，他在来买东西的路上都经历了什么。

在每个“触点”，无论是当前、潜在或是老客户，都或多或少地对一个商品、一项服务、一个品牌或者一家企业有所了解，即客户有前期的客观知识储备。但是同时，客户也会有感官认识，或强或弱，或正面或负面。（潜在）客户基于认知和情感两方面的经验，会在内心勾勒出关于产品、品牌或者企业的形象，即所谓的印象。印象经常与态度密不可分。

相应地，在智能数据分析流程第五阶段首先要做的是，沿着下列引导性问题的思路，分析客户的“触点”。

☆ 目前，我们究竟是在哪里与客户产生接触的？

☆ 我们在那里究竟是怎样与客户产生相互作用的？

☆ 我们通过现行的交互方式想取得哪些效果？尽管人们都喜欢强调自身的优点，这是可以理解的，但系统地关注一下引起客户不满的业务记录也很重要。我们经常能够在分析不满意客户或者已丢失客户的过程中，发现改善客户服务的最重要措施。

☆ 迄今为止，我们还没有与哪些（哪类）客户产生接触，或者鲜有接触？

在总结并了解了在既有“触点”的互动情况的基础上，我们可以开始考虑一个问题：对某一聚类客户来说，可能的新“触点”有

哪些？采用何种措施可以对他们产生怎样的效果？此时，关注一下其他行业、国家，尤其是其他创新型企业的经验，可能会有所帮助。

客户旅程究竟将我们引向何方？

客户旅程是一个客户所有“触点”的集合。大数据在市场营销方面许下的最大诺言是：基于充足的数据，我们可以估算出每一个客户在“客户旅程”中的行为顺序，并引导这些行为向有利于我们的方向发展。谷歌和苹果宣称它们可以做到这一点，并宣称这样对它们的数字产品有好处。此外，就没有人再能够做到这样了，就连亚马逊也不行。

在可预见的时期内，在大多数市场领域，我们并不认为单一客户的“客户旅程”是可以全然被预测并操纵的。不同客户的“客户旅程”是完全不同的，它与情境密切相关，且十分复杂，已经超越了我们当下能够近似模拟的程度。甚至连客户自己也不清楚自己“客户旅程”的下一步是怎样的。每一个客户在每一次购买决策之前，都越来越频繁地改变选择方向和购买目标，走了未预见到的捷径或者弯路，迷失在决策逻辑中，或者选择了其他种类的商品。总之，详细地去分析个人的“客户旅程”的效果低于预期，且与运营费用投入无关。很快就会产生边际效应。

然而，如果把“客户旅程”概念作为总体方向性框架或者至少是一种思维模式来看，却是十分有价值的。它可以帮助我们确定，在每一次我们与客户具体接触时，客户处于“旅程”的哪一个阶段。某一客户是刚开始对一个商品感兴趣，还是对某一个商品的兴趣已经逐渐增强；是已经开始考虑购买，还是说仅需再营销一下就肯购买了。它能够帮助我们建立与客户新的“触点”，检测这些“触点”在“旅程”中的意义与作用，同时，随着时间的推移，我们可以更好地了解客户喜好。更重要的是，通过早期并持续地关注“客户旅程”概念，我们得以对“客户旅程”与“触点”概念有更好的理解，不会因无知而在新的数字化或者固定“触点”（例如App或者分支机构）方面大量投入，致使企业遭受损失。目前，企业在理论层面发现了很多“客户触点”，并在从理论向实践转化方面进行了大量投资。但遗憾的是，这些投资决策并没有考虑到这些“触点”是不是客户所希望的，这些“触点”在“客户旅程”中发挥什么样的作用，同样，也没有衡量这些“触点”的效用。举个例子，如果我是一个汽车生产商，只有当我清楚了，固定的贸易基地将来会在“客户旅程”中发挥怎样的作用，我才会知道如何去安排和设计这些基地（可以将贸易基地与数据化“触点”相结合，例如在贸易基地中使用“组态程序”来测算汽车贸易商的到店频率，还可以在贸易基地中安装电话会议设备），才会知道我需要保有多少基地才够用。我们并不是通过在方案设计阶段不停地思考来获得这些问题的答案的，而是通过在一开始就智能地利用数据，不断进行试验，同时分析试验的结果。

以智能数据为基础的市场营销会分析每一个“触点”的数据，在策划市场营销手段的时候会参考分析结果。我们需要始终去关注，采取某种市场策略是否值得。我们不需要去满足每一个我们认为有价值的客户需求，因为这样做成本太高。聪明的企业会为客户提供多种选择，去塑造客户的“客户旅程”，使之向企业所期望的方向发展。

根据简单的逻辑，团队就可以将已有及可能的“触点”划分先后顺序：

1. 哪些“触点”对哪些目标客户群体是真正重要的？

2. 哪些因素会加速或延缓“客户旅程”，且客户会在后续“旅程”中仍然需要这些因素？

3. 在一个客户聚类中，在每一个“触点”，哪些因素可促成购买？

4. 在每一个“触点”，我们可以通过采取哪些措施提升市场营销效果？

就这样，就是这么简单！此外，还有一个关键点：

5. 需要为在每个“触点”上采取的每个措施界定一个衡

量效果的标准。只有在一个“触点”起到的作用很清晰的情况下，我们才能够理解它在“客户旅程”中的功能定位。如果我们无法去界定在某个“触点”上采取的一个或多个措施有效与否，那很可能是这个“触点”本身的认定有问题，或者建立这个“触点”是多余的。

智能数据流程是一个自学习系统。我们最终采取的各种市场营销措施，其实质是一种假说。如果我们认真地践行了智能数据流程的第 1~4 阶段，那么这些假说的命中率将会很高。我们在每一个层面都秉持着效率优先的原则，因此这些措施的投入产出比会相对较高。但是，这些措施是否真正起作用，我们也只有在尝试过之后才知道。就如同我们必须去尝试投放不同的产品组合一样，我们也需要通过尝试来检验各个“触点”的效率和作用。最终，我们才会认识到，在哪个“触点”、针对哪些客户、通过采取何种措施能产生最大效果。

智能数据流程是一个自学习系统。

“尝试”在此处是一个无害的行为。在智能数据范畴内，“尝试”具体可理解为：我们需要将想法付诸实践，并评价实践的效果，否则的话，我们就无法兑现承诺并发现其他潜在可能性。

具有数据基因的市场参与者区别于普通市场参与者的一点是，他们具有衡量“触点”实际效用的能力，能够将有效的措施移植到同类或者他类客户群体中去，并且他们会迅速终止无效措施。

通过这样反复的迭代更新，我们将能够更好地满足更多客户的需要。

智能数据市场营销的“黑盒子”

物理学家和统计过程控制的创始人威廉·爱德华兹·戴明（William Edwards Deming）曾说过：“我们只信仰上帝，其余的人都得拿数据说话，我们才会相信他。”

数据本身对市场营销是没有价值的，只有通过统计学过程去处理分析数据，才会带来有益的认知。不同的分析目标，需要的统计学流程也是差异化的。在此，我们大概介绍一下：

☆ 如果需要去发现数据中潜藏的范式，在市场营销过程中，大都是希望去识别同质化或潜在的客户群体，那么可采用聚类分析流程。

☆ 如果需要去分析并评价已确定的KPI（即关键绩效指数，例如ROMI，市场营销投资回报率）的驱动因素，统计学家大多会采用验证性因子分析方法，特别是回归分析。这种分析流程的目的是，尽可能地通过其他因素去解释一个目标变量，并且揭示出不同因素对这个变量的重要性及作用强度，以期能够实现对KPI的有效管理。验证性因子分析方法最常见的应用是用于市场营销有效性研究项目。

☆ 如果需要去评价多渠道的效用或者去评价企业市场营销效率的标杆管理情况，那么可以采用数据包络分析方法。这种致力于绩效优化的分析方法是基于一种理念，即为不同的公司或者众多渠道的投入变量设置相应的产出水平。这个分析方法的优点之一是，每一个分析流程仅需为数不多的数据点。

☆ 在数据驱动的市场营销中，最常见的分类问题是将人分配至既存的聚类组中。借助决策树可以建立起最优分类原则，尽可能地将人员分配至恰当的分组中。决策树是最有效的分组方法之一，应用方式极为灵活，易于理解接受，并且通过算法的不断优化，例如随机森林算法，决策树也适用于较大量的数据分析。

☆ 亚马逊开了一个好头，现在所有的企业都想拥有一个好用的推荐引擎，以此实现自动生成个性化的推荐建议，最大限度地匹配客户的喜好，尽可能地促进销售。此时，可采用下列两种方法：

1. 关联分析方法： 这是一个很简单的分析方法，尤其适合于“购物车”研究，用于寻找经常被同时购买的商品。如果想使用这种分析方法，我们需要拥有完整的匿名交易数据。

2. 协同过滤分析方法：这种分析方法是通过对比客户（例如网站用户）的喜好和购买情况，实现向客户推送个性化推荐建议。从严格意义上来看，与其说这种方法是一种统计学算法，倒不如说是一种特殊的过滤和比较逻辑。这种方法具有应用简单、运算强度低等特点，因此特别适用于处理大量数据。这种方法的缺点是，我们必须先期对目标客户有一定了解，才能为其推送有价值的推介信息。我们对客户的了解越多，我们越能够为客户提供更好、更精准的建议。这跟此前提到过的自学习系统概念是相吻合的。

结论：实现增值

与传统的聚类模型和与之对应的市场部门相比，智能数据分析至少可在下述 5 个层面为企业带来可量化的竞争优势：

☆ 聚焦企业经营中出现的实际问题和发展潜力，可以促使企业明确目标和措施，这个恰恰是许多具探索性的数据项目所欠缺的。

☆ 由于拥有更好的（高聚合性、智能化预分类）数据基础，智能化的聚类可以更准确地描摹某一聚类中客户的实际购买行为。此外，可被明确归入某一聚类的客户比例有所上升。由此，在理想情况下，在单一客户层面，我们采取的市场营销措施可以更加精准地发挥作用。

☆ 我们有（越来越多的）可能去正确评估某个单一客户在某个商品或者具体商品组合上的销售额贡献潜力。

☆ 通过设置“触点”优先级，我们可以显著提高满足客户需求的效率。

☆ 通过动态利用统计学分析，我们可以更好地调整针对单一客户的市场营销与经营活动。

总的来说，在智能数据流程中，我们可以基于更智能化的聚类分析，总结出具有良好投入产出关系的市场营销措施。此处，智能数据聚类分析起到了决定性的作用。因为，得益于规律性重复的、集成化的交易数据、互动数据和消费行为数据分析，智能数据流程不仅仅只是更准确地表述一个客户购买某个商品的可能性有多少。作为一个自学习系统，智能数据流程还能够描述出客户将会在何时、通过哪个渠道、以怎样的价格购买。

我承认，这听起来更像是自吹自擂的大数据自我营销。在本书的第三部分，我们将介绍一些智能化的企业，他们的经营证实了智能数据流程的优越性；这些企业日渐获得数据竞争优势，却没有陷入“数据自我负累”的泥潭。我们称这些企业为智能数据冠军企业，他们在很多应用领域确实赢得了竞争优势。

第三部分

冠军企业的智能数据应用领域

SMART DATA

第 5 章
更加智慧地接近客户——在合适的时间、以合理的价格、提供所需的产品

时尚策划

策划购物集团（Curated Shopping）在市场上反响强烈，至少从它在柏林的启动仪式上看是这样的。策划购物搭建了一个贸易平台，在这个平台上，审美品位尚不明确的客户在系统和人工咨询的辅助下，可以定制家具、设计品、礼品、女鞋或者男装。这个平台上的客户都是稳定的客户群体，在平台上寻求定制服务。早期阶段，平台投资者被平台创建者的创意想法所吸引，尤其是在时尚领域，成百上千万的投资流入到Outfittery、Modomoto、Kisura以及

8Select公司。策划式在线购物的理念和价值前景非常容易理解：客户经常会在以下几方面提出各种各样的问题，比如我属于什么类型、我适合什么风格、在某一特定场合该穿什么衣服等。为了能够获得系统建议，客户也会自然而然地透露相关的个人信息，比如身材、体重、鞋子尺码等。在这些数据的支撑下，策划师可以整合初选信息，并将建议信息发送给客户。这些建议仅是出于策划师的审美取向和喜好。客户针对这些建议给出的反馈使系统和个人策划师更好地了解客户，从而可以在下一次推介中优化建议。从客户方面看，首先是节约了穿搭的时间，此外，如果策划式购物进展顺利的话，在策划师专业建议的帮助下，客户的穿着水准也比以前有了很大提高。策划式购物有效地提高了客户在衣着方面的舒适度和审美水准，因此客户也就不会再随波逐流地胡乱穿衣了。

随着对客户了解的加深，购物建议的质量越来越高。为客户提供高水平的购物建议，能使客户关系更加密切，与此同时，可降低价格敏感性。

策划式购物是智能数据应用的一个典型范例。策划购物集团本身并不是高深莫测、需要很多数据支撑的“怪物”。它仅是利用收集到的数据辅助购物顾问，给客户提出一些量体裁衣的个性化购买建议。随着对客户了解的加深，购物建议的质量越来越高。为客户提供高水平的购物建议，能使客户关系更加密切，与此同时，可降低价格敏感性。这种商业模式眼光长远，关注客户价值的长效提升，而不是通过价格战实现廉价销售。

策划式购物很好地说明了客户价值、增长潜力与企业增值间的关系：将客户与个性化的购物世界长期联系在一起，通过这种方法，我们可以获得长期稳定的营业额，提高客户份额占比，赢得可观的利润。资本市场认为，策划式购物模式在多样性方面，较传统贸易模式略胜一筹。

为客户系统地提供个性化商品的基本理念也不仅仅局限于时尚领域。只要遵循统一的原则和流程（视企业情况不同，可以选择按月、按周、逐日，甚至是实时地去运行这种基本流程），这种基本理念也可以在其他行业获得推广。

策划式配件

如同定制客户关心男装一样，安装材料和固定材料的B2B用户基本上都会提出同一个问题，即我们如何能够在经常性材料支出方面节约成本。从贸易商的角度，只要知道“客户在何时需要何种商品”，那么节约成本的问题其实很容易解决。

在满足手工业者需求的行业的智能数据项目中，我们可以明确回答这个问题，因为在一个试点项目中，相较于控制组，实验组出现了如下情况：

- ☆ 通过智能化地实施市场营销和运营措施，实验组中固定客户的商品激活率有所上升。
- ☆ 通过实施向上和交叉销售，实验组的商品销售额有所提高。

这些提升具体是如何实现的呢？见下图：

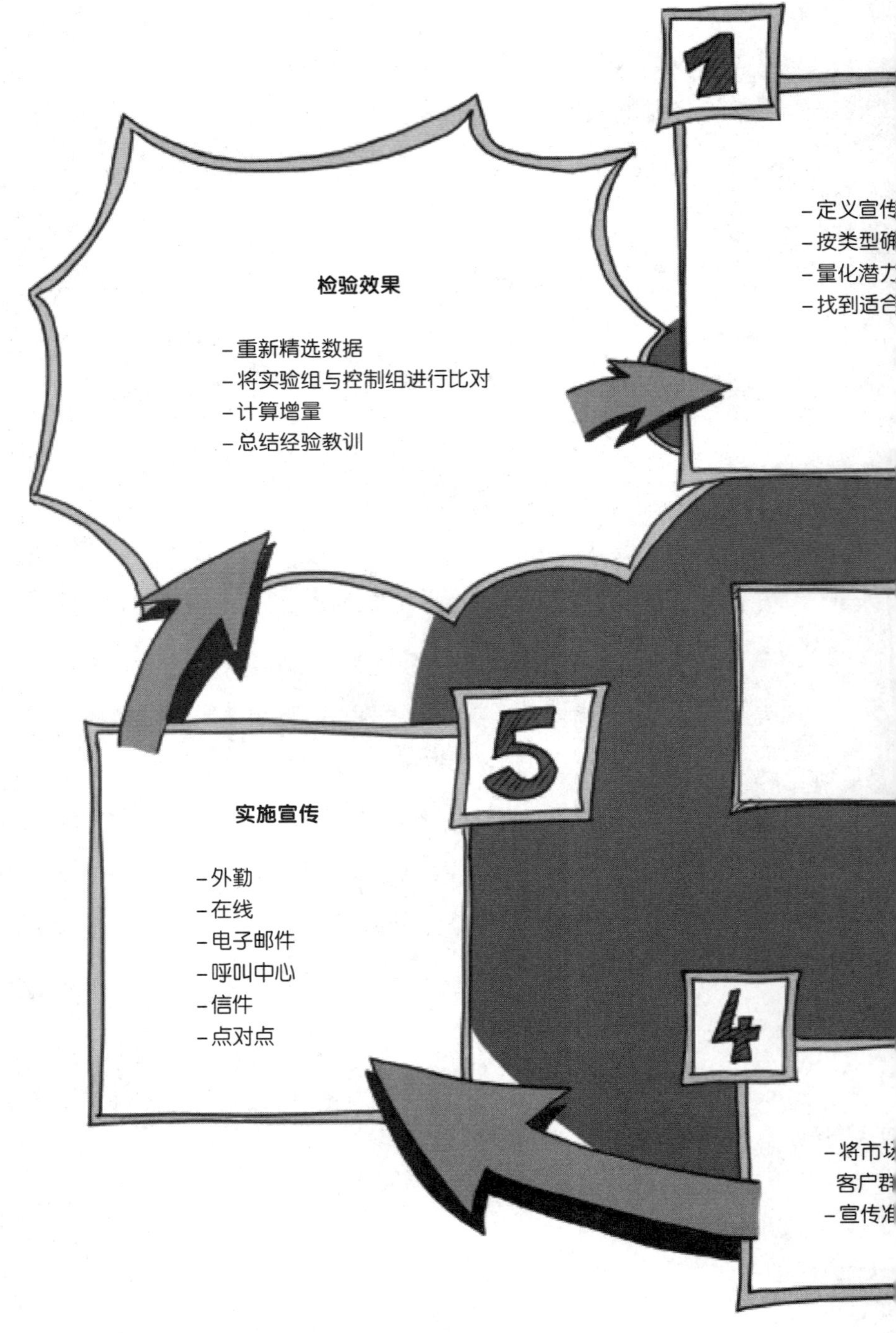
1
–定义宣传
–按类型确
–量化潜力
–找到适合
检验效果
–重新精选数据
–将实验组与控制组进行比对
–计算增量
–总结经验教训
5
实施宣传
–外勤
–在线
–电子邮件
–呼叫中心
–信件
–点对点
4
–将市场
客户群
–宣传准

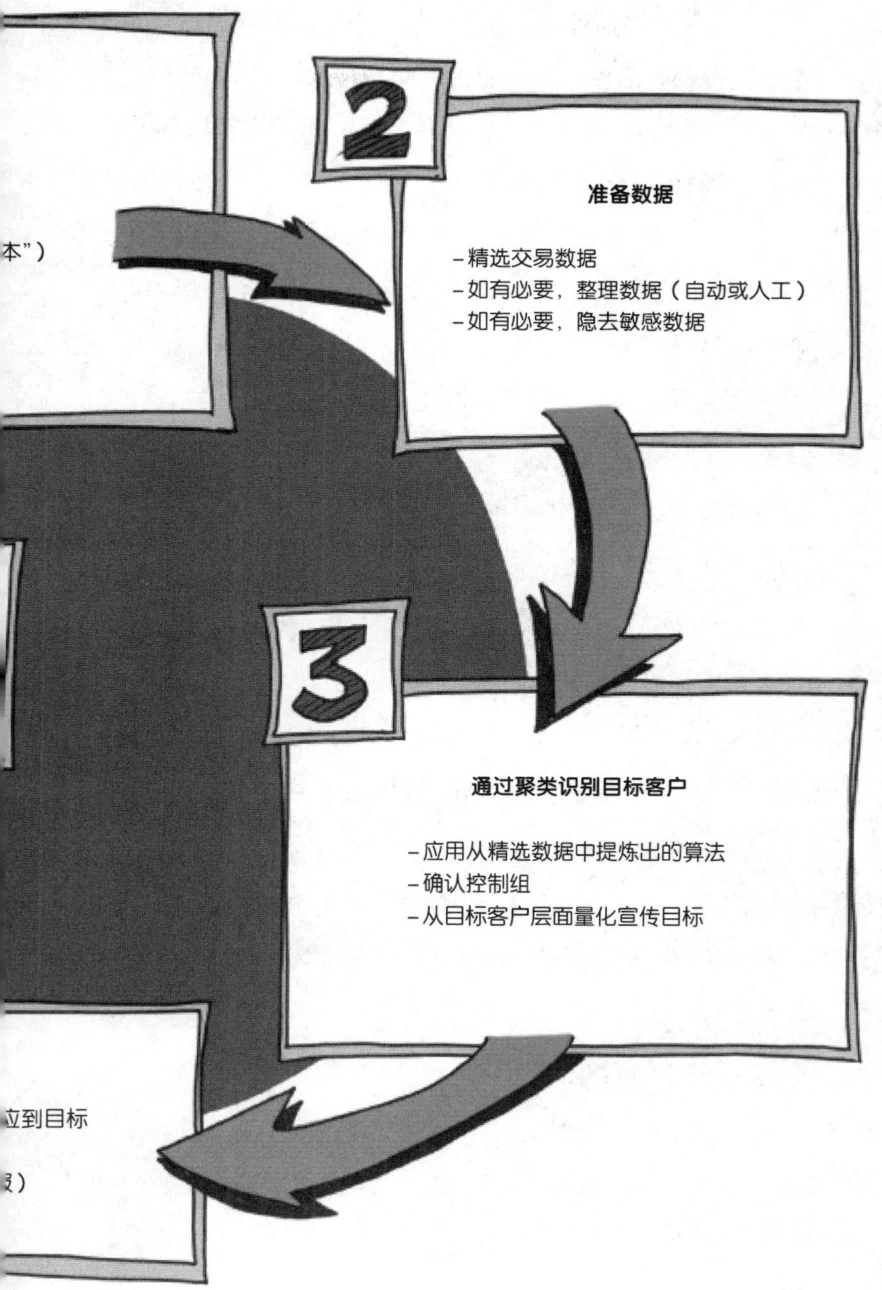
本”）
2
准备数据
–精选交易数据
–如有必要，整理数据（自动或人工）
–如有必要，隐去敏感数据
3
通过聚类识别目标客户
–应用从精选数据中提炼出的算法
–确认控制组
–从目标客户层面量化宣传目标
应到目标

在典型的目标营销和销售流程中，我们主要是系统地梳理每个子类中客户的需求，进而提供适宜的商品和服务。与客户需求不明确的消费品市场相比，这种做法在B2B领域的操作更简单且更易于实现。系统能够掌握一家雇用8个工人、年销售额约60万欧元的煤气设备工厂的零件清单和材料费用是多少。如果想要知晓一个企业在某个重要产品门类的客户份额占比，进而了解客户的营销潜力，我们不需要通过大数据系统调取交易数据。我们只需要找到一个行业内资深的、了解客户的销售人员，他很快就可以给出建议，我们针对哪些客户采取怎样的措施，就可能提高客户份额占比。

在这个案例中，我们没有时间和经费去开发创新产品。已经采取的市场营销措施跟之前的也没有明显的区别，比如针对销售情况欠佳，但日常又确实需要的商品，我们给予打折优惠；还有一些商品，如果客户购买量超过某个最低标准，我们可以给予买送优惠；新客户如果再次购买某一商品，我们可以赠送小礼物，等等。

我们把所有这些举措都在对照组中又尝试了一遍，然而让我们惊讶的却不是这些举措本身。这次，我们有更多的时间和经费去思考更有创造性的营销话术，通过客户和所需产品的合理对应，我们也取得了前述提到的效果，即提升激活率和提高销售额。但是，有两次营销活动以失败告终：在日常消费品销售中，经常会采取买送促销，这容易导致负投资回报；在开展“二次购买给予奖励”促销活动时，我们实现的销售额增加并未达到预期的水平。很显然，用这种简单的刺激手段是无法有效激励B2B领域的新客户的，他们更加关注供应商的一些基础性资质。促销宣传活动只有在为客户提供广阔的、全新的可能性的情况下，才能获得理想的效果。

当我们在市场上尝到了一点儿甜头之后，就会对智能数据产生更大的兴趣。当我们通过相对简单的分析和措施获得了一定成果后，一般会产生两个问题：

☆ 为什么之前我们没有获得这样的成果？

☆ 为什么我们的竞争者也没有这样做？

在许多B2B商业领域，如果一家资质良好的企业能够提供优质的商品，并且数据分析能力领先于同业，那么就具有改变现有市场格局的潜力。

思考这两个问题会花费很多时间，或者你也可能觉得这全然无聊。当我们跟一家传统企业的CEO介绍这些事情的时候，他会觉得只是雕虫小技。既然他这么认为，我们也没有办法。但仅仅是因为这些事情简单，我们就不做了吗？在下一阶段，这些事情就会变得越来越复杂，且需要分析。我们需要目的明确地把握住机遇。在许多B2B商业领域，如果一家资质良好的企业能够提供优质的商品，并且数据分析能力领先于同业，那么就具有改变现有市场格局的潜力。这一点在迄今还在小步快走以期成为数字化领先者的行业内尤为奏效。

哈，这个卖家是真正了解我的！

在上述案例中取得的成果和经验几乎被全盘移植到了餐饮业、

医疗、小型健康中心、实验室、保洁公司、美容美发、中型建筑企业、汽车修理厂、园艺业、光学业……在研究这些市场中的销售情况时，总是能够得到相近的结论：有些企业由于早先有经营B2B客户的经验，因此具有较大的发展潜力。在智能数据项目早期，我们会开展企业客户调查问卷活动，在调查中我们经常会听到："我们合作多年，我们的供应商（主要供货商）居然对我知之甚少，这简直太让我惊讶了。"可是，当有经销商在数据的支撑下，为它的客户提供智能化的采购建议清单时，人们这种惊讶的态度就转变为："哈，这个卖家是真正了解我的！"实现这种转变的最重要前提是，要为这些经销商配备数字化工具，这些工具能够正确预估客户的需求并将其清晰地展示出来，市场营销人员就可以据此实时反应，及时满足客户需求。智能数据流程本身具备自学习机能，所以这些数据化工具也同时应该是一个实用的数据收集器。也就是说，数字化工具可以促使市场营销人员在与客户直接接触时，尽量提出一些明确直接的问题，这有助于我们增进对客户的了解。

对企业客户关系认知具有重要价值的信息包括：

☆ 客户需求的范围和结构。

☆ 企业客户是否会经常面临商品脱销的情况？这种情况是否会导致企业客户付出的取得费用高企？

☆ 客户所在的市场出现了怎样的发展趋势？

☆ 客户更喜欢通过何种渠道、以怎样的时间间隔获得服务？

经验告诉我们，在我们采用正确的沟通语气，且不占用太多时间的情况下，B2B 客户是愿意向我们透露如何能够更好地满足它们的需求的。小型企业，例如餐饮业，付出的取得费用相对较高。小型企业会常常经历物资短缺的状况，这不仅仅是因为客户有时会突然增多，有时也是因为企业在订货管理方面产生了纰漏。如果一家餐饮企业意识到让供应商了解它的大致订货规律，那么供应商就可以降低这家餐饮企业的取得成本的话，那么此时，提升这家餐饮企业客户价值贡献的措施，显然就与供应商密不可分了。因为这样做会：

☆ 提升客户口袋份额——取代市场竞争者

☆ 增强客户关系——防止客源流失

☆ 增加营销回报——提高外勤工作的边际贡献度

☆ 提高客户推介占比——通过口碑赢得新客户

☆ 扩大客户基础——提升新客户的数量及质量

时不我待，现在就是着手开始的最好时机。在美国，亚马逊新成立的B2B部门就领略到了这样做会产生怎样迅速的市场反应。AmazonSupply的产品清单几乎每日都在延长。固安捷（Grainger）是美国B2B领域的传统领军企业，还保持着与15年前无差别的经营模式。固安捷关注亚马逊的进展，首先注意到亚马逊打价格牌，其后又感觉亚马逊不关注长期客户关系管理，只注重商品快速倾销。这种情况必然是假象。AmazonSupply凭借在B2C贸易领域积累的客户分析能力、市场营销能力和物流保障能力，使贸易流程实现了数字化。AmazonSupply不仅仅是展售清单上的商品，大部分的商品都有现货库存。波士顿咨询公司的一项研究显示，AmazonSupply平台销售商品的价格比任何专业化的B2B贸易公司平均低了25%。

在消耗品B2B贸易方面，供货结构与个人客户日常消费品供应差不多。如果一个客户经常订购某一个种类的茶叶，那么亚马逊就会随时为客户推送货品信息，比如这种茶叶现在有折扣优惠，或者价格没变但是换了较大包装等。有时这些推送信息也没有提供价格优惠，仅是为客户提供了购买提示，免得客户还要特意想着要购买某物。越是密集地给予客户购买建议，促进商品的交叉销售，客户就越愿意购买商品，比如茶叶。刚开始可能是因为大幅度的价格优惠，到后来可能就是仅仅因为产品推介本身了。

亚马逊很早以前就开始尝试针对易售的简单货品开展直销，并建立自有品牌。目前，德国的B2B贸易商和供货商依旧认为，AmazonSupply的物流费用昂贵，缴税程序烦冗，一个手工艺者、发型师或者精密仪器工程师懒得去研究这些。但是，亚马逊作为世界最大的在线贸易商，要在欧洲或者亚洲培养起自己B2B贸易的仓储和物流能力，这只是时间的问题。

大众在解读上段最后一句话时，是带有悲观意味的。当电子商务要强势进入一个市场领域时，我们还是最好尽快退出这一市场。在一些市场领域，如果商品具有很好的通用性、保质期长、易操作使用、不需要过多咨询，同时产品相对来说体积和重量很小，那么就需要小心电子商务的市场入侵了。在大部分的领域都有一个规律，谁能凭借分析能力更好地接近客户，谁的生意就能做得长久。如果一家网站成为一个智能化的、多渠道战略的固定渠道基础，那么这家网站的重要性不言而喻。

贸易方面的分析小知识

在食物及非食物贸易方面，怎样更加智能化地接近客户？固定店铺贸易早就开始系统性地搜集客户信息了，例如在世界市场上占据领先地位的沃尔玛、乐购、梅西百货、尼曼和法国的家乐福。在德国，除了像麦德龙和奥托这种大型企业外，一些中型企业，比如药店连锁企业DM、不来梅的专业化商店Dodenhof或者大型百货商店布罗伊宁格（Breuninger），也总是能够提出令人惊喜的分析方案。在零售贸易方面开展智能数据项目的一个优势是，零售贸易的数据环境通常较好，或者相对容易改善。另外，在零售贸易方面，有成型的分析流程，分析所必需的IT系统都是常见系统。基于二十余年来对零售贸易的分析经验，或者通过与邓韩贝（Dunnhumby）和Emnos等客户分析公司合作，我们可以较好地预测已采取的市场营销措施的效果。为零售贸易客户在对的时间点、以合理的价格提供合适的商品，这是一个系统性的分析流程。

在贸易方面，基于客户会员卡数据开展的营销活动的作用机制与上述已描述的案例情况相差无几。首先，也是要将可得的交易数据以适当的形式呈现出来，随后将客户进行分类，再研究出市场营销类型及相应的算法。然后，将可能的市场营销类型和产品对应到恰当的客户分类。这些与营销措施一一对应的目标客户名单会给到市场营销部门，以便市场营销部门可以准备并实施相应的宣传和营销。通过对比实验组与控制组的市场反应情况，我们获得了更新的数据分析结果。据此，我们可以知晓已采取的营销措施带来的销售额增量和边际贡献，通过投入与产出的对比，我们可以估算出这些营销措施的ROI（投资回报率）。我们将从这个流程中获得的认知全部用于优化算法，然后整个流程会重新开始运作。

根据行业和企业的不同，市场营销类型可能会有所不同。但是，在大部分的贸易企业中，下列基础做法都产生了一定效果：

☆ 紧密联系忠实客户

☆ 穷尽购买潜力或扩大购买范围

☆ 提高购买频率

☆ 交叉销售

☆ 减少或防止客户流失

☆ 复苏已流失客户

☆ 向上销售

☆ 开拓新客户

☆ 紧密联系新客户（营销二次或三次购买）

☆ 持续为客户提供产品推介

除了采用目标营销之外，我们还可以在此基础上采取一系列行动，例如：

☆ 优化供给链（提前识别客户需求）

☆ 按不同的客户类型优化供给渠道

☆ 杜绝欺骗（早期识别欺骗）

☆ 供应商管理

☆ 货品种类管理

一家贸易企业在做出独自实施上述措施还是与其他企业合作实施的决策时，必须要结合自身情况。麦德龙推广PayBack积分卡，目的是为了为客户提供更具吸引力的购物体验，与此同时掌握更广阔的客户数据基础。但是在麦德龙现购自运（Metro Cash & Carry），所有顾客都持有会员卡，因此客户数据信息十分充足。一家在德国和印度都拥有数据科学家和目标营销团队的共享服务中心，可以为所有国家提供适合的产品和广告信息。为了更好地体现消费品贸易的特点，客户在德国3C连锁巨头Media-Saturn可以试用自带程序，体验Shopkick签到平台应用。

在价格发现过程中，好货也得便宜

为客户以最低的价格提供最丰富的购物选择，这是很多大型卖场成功的诀窍。但是，在网络时代，它们很难再实现又便宜又好。对于一家在市场上占据领先地位的电子产品销售商店，这种认识意味着经营模式的转变。现今，很多商家单纯依靠打价格战，导致市场竞争看似旷日持久。在看待这个问题时，时间信条告诉我们，要掌握尺度。我们要为客户一如既往地提供具有吸引力的价格，但是同时我们要充分利用价格空间。无论如何，我们不能够再仅仅依靠降价措施了。此外，门店的负责人需要明白一点，价格政策是谈不上保密而言的，给了一个客户优惠的价格，那么所有的客户都会来要求享受同样的价格。

欧洲某协会研发出一个新型价格系统，并开展了试点应用。这个系统是基于两个原则建立的：

- ☆ 通过与20余个强劲的市场竞争者的价格对比（这些市场竞争者大约可以占据70%的市场份额），系统可以为客户提供优于这20余个竞争者的价格。

☆ 此外，会考虑客户对不同商品的差异化价格的敏感性。

除了简洁的原则外，这套系统能够提供可有效节约经费的IT解决方案，这也是这套系统令人印象深刻之处，这种现象在使用 18 个月后就可以显现出来。

采用这种智能数据IT解决方案时，首先要提取所有市场参与者的当日价格信息，我们可以在价格网站获得这些数据。系统会分析上个月不同商品的价格敏感性，并且从三个维度界定出我们可以比其他报价人报出的价格高多少，是市场可以接受的。下一步，我们通过与最重要的市场竞争者的对比来校准我们的报价，最终为客户提供最合适的价格。

这套系统已经阶段性地成功运行，并且实现了三个关键目标：实现了效益提升，实现了内部统一定价，最重要的是，通过定价原则的博弈效果实现了市场稳定。

商品最终的定价不仅取决于产品本身，还需要考虑针对每个消费者的价格策略因素。数据分析服务商 So1 开展的一个针对食品贸易的有趣项目做到了这一点。这个项目致力于将优惠活动个性化，这样做的目的是：

☆ 提高优惠券的兑付率，即提高优惠活动的效用

☆ 缩减折扣总额

☆ 降低不必要的优惠的占比，即有些商品即使不赠送优惠券也会被购买，那就不要再在这些商品上提供优惠

直到现在，还是有些零售商，针对某一项特定商品给予所有消费者相同水平的促销政策，它们并没有考虑到每个消费者不同的购买意愿因素。这个项目研究的基础是匿名的会员卡数据，并辅以电话缴费信息。通过这些数据，我们首先可以识别出市场上匿名消费者对每个商品的支付意愿并开展分析，分析结果对客户促销措施有长远的影响。我们通过这些分析结果来确定促销机制，在这个机制的主导下，一个消费者有可能在他下次到收银台付款时，收到与其他消费者不同金额的优惠券。这样做的效果远远超出了我们的预期：

☆ 相对于之前的 0.5%，优惠券的兑付率提高至 6%。

☆ 打折幅度的平均水平提升至七折，而之前一般是打五折销售。

物理网点销售打败网络化销售

除了管理商品优惠活动之外，还有一个购物应用也非常智能化，它能够为大型零售商提供云解决方案。在数字购物助手的帮助下，“SAP（思爱普）精准销售”将从互联网营销中总结出来的产品推介方案引进并应用于物理网点销售。一般情况下，在客户刚刚走进卖场时，近场通信技术就会通过智能手机识别出他们，并启动购物 App。这个 App 还可以作为价格扫描仪使用，它会告诉客户哪个商品有优惠，客户在选购时无须再三犹豫。当客户扫描一袋小包装尿片时，系统会马上为客户推荐在售的婴儿奶瓶。在这个过程

中，“精准销售”动用了商品推介算法，这个算法是基于“一个客户如果买了这种商品，那么她有可能还会购买……”的理念。此外，系统还会做到像在线商店的数据库一样，对客户的购物记录了如指掌。如果卖场针对这个客户的口袋份额较高，那么系统可以预测出这个客户家庭中的婴儿食品储备，这种预估是实时的，并且往往具有很高的“命中率”，之后系统会按照预估结论优化它给出的“尿片交叉销售购物建议”。例如，系统数据记录这个客户近来已在别处购买过婴儿奶瓶了，本次不需要购买，但是婴儿洗头水估计快用完了，那么此时系统就会给这个客户推送一张自有品牌纯天然婴儿洗发水的优惠券。

此外，不仅仅在我们扫描了某种商品之后会触发购买助手的推介功能，我们接近特定区域的时候，也会收到系统的商品推介信息。这个所谓的“接近”是以米为单位衡量的，例如当一个客户走向饮品货架方向的时候，外面天气非常热，此时他喜欢的啤酒品牌正在举行促销活动，如果买两箱新品小麦啤酒就可以享受优惠。客户在走入一条过道时会收到啤酒促销的优惠信息，经由这条过道他将会拐入这个啤酒品牌的货柜。

我们必须承认，像上述描述的那种系统，对数据初学企业来说不是小事情，然而对大型零售商来说，也并非全在掌握之中。大型零售商必须具体问题具体分析，评估在技术上实现这种云解决方案的难易程度，以及如何将这种解决方案与原有的忠诚度管理系统结合起来。在接下来的几年中，这些IT解决方案提供的功能和效果都会有所提高，并为那些想要在网络商城崛起的过程中分一杯羹的零售商提供更多数字化选择。数字购物助手系统通过消费者手中的智能手机，将线上线下连接起来，是多渠道销售策略理想的“触点”，我们会在本书的最后一部分详细讨论这点。从物理网点零售商的角度来看，最使他们感到兴奋的是，网络化应用借助适地营销手段，越来越多地转移至移动终端，第一次为它们提供了对抗传统在线贸易商的清晰的竞争优势。在卖场的物理网点中，线上和线下销售的好处迅速结合在一起，这是纯在线销售所不具备的优势。

如果我们要为物理网点中的客户提供数字化服务，即打通线上线下销售之间的连接障碍，我们就需要将线上线下销售的优点结合起来：一方面，我们要能够提出实时的、定制化的市场营销方案，另一方面，我们还可以让客户直接带走现货。

网络化应用借助适地营销手段，越来越多地转移至移动终端，第一次为它们提供了对抗传统在线贸易商的清晰的竞争优势。

这无疑也是大型电子商务供应商统统都开始进行物理网点业务尝试的原因。让物理网点运营商在一个钢筋水泥的实体商店中去追加互联网应用，这个工作远远比让一个没有经验的在线贸易商去搞一个实体商店容易得多。当人们这样做的时候，传统的物理网点运营商就可以凭借自身的优势打败在线竞争者，行业的智能数据冠军企业需要自己去发现这个机遇。

在本章的最后，我们要介绍一个在B2C领域按需提供服务的最具说服力的案例。这个案例的有趣之处在于，它来源于一个行业，在这个行业中，基于数据的业务咨询总是碰壁，并且经常会触及数据保护问题。这个行业就是零售银行业。

当一个信用良好且具有偿付能力的客户需要在荷兰国际直销银行（ING-DiBa）的ATM自动柜员机上支取大量现金时，他的账户可能会出现余额不足的情况。此时，系统会基于他的微观客户聚类信息，为他提供一个消费信用额度，并显示在ATM机屏幕上。在使用这部分信用额度进行转账交易的同时，系统自动记录账户余额的变化，并在转账账户项下计结这部分透支额度的利息。通常情况下，ING-DiBa短期盈利能力有限，但在提升客户长期价值贡献方

ING-DiBa致力于建立长期的客户关系，因此他们是为了客户的利益才提供透支服务的。这就是所谓的在对的时间和地点，提供对的服务。

面表现卓越。

焦点小组调查结果显示，很多客户在使用透支时是很有心理负担的，感觉自己会长期陷入欠债的状态。相比大多数其他银行而言，ING-DiBa让真正有价值的客户在透支时相信，ING-DiBa致力于建立长期的客户关系，因此他们是为了客户的利益才提供透支服务的。这就是所谓的在对的时间和地点，提供对的服务。

第6章
从贸易伙伴转变为数据伙伴
——通过中介共同提高客户潜力

一切对抗一切?

谁都不喜欢被威胁。威胁大多源于过分恐惧。恐惧并不是好事情，因为它会影响分析。让我们打破一次常规，认真开展分析。对生产商、高附加值服务供应商和传统贸易商来说，最糟糕的景象莫过于：

迄今为止，生产商和贸易商能够和平共处。双方都按照自己的方式去搜集客户信息。它们之中的一方对市场调研数据感兴趣，而

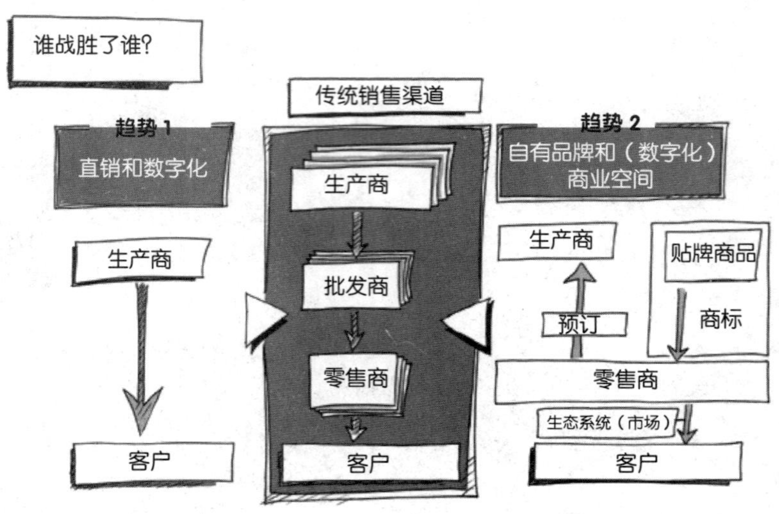

另一方，即在市场前沿接触客户的一方，更加关注于交易信息。双方都在不断地优化自己的方式，共处的模式也很少出现问题。因为两方中的任意一方都意识到，以另一方的利益为代价的买卖的成本有时会非常高。但这并不意味着生产商和贸易商之间存在盲目的信任。人们尽可能地保护自身，保护自己的商品和客户的信息不被他人知晓，目的是为了防止其他人蚕食自己的业务领域。但是现在，网飞已经非常了解客户的收看习惯，它已经可以制作出比它的客户（例如HBO电视网和AMC电视台）更好看的电视剧。苹果公司已经通过贸易商售出了太多的手机、iPad和电脑了，所以在新产品问世时，苹果选择了直销形式。我们从苹果公司在iTunes Store上直接为客户提供数字化服务的销售思维中，就完全可以体会到这种做法。同样，谷歌公司为安卓系统也构建了一个这样的数字化生态系统，亚马逊公司也建立起了由Fire Phone、Fire-TV和Amazon Prime

构成的内部系统，微软和Spiele提供下载或者在线订阅的服务，这对贸易商来说可能意味着整块市场的流失。直至前不久，生产商越过中间贸易商直接接触终端客户的行为，才不被认为是渠道战争。在一个多渠道的世界中，如果生产商不想令更多的客户失望，它们别无他选。这种做法不仅仅只是针对数字化产品，基本上涵盖了所有产品种类，无论是直销商品，还是直运商品。

反过来，贸易商在数据的支撑下对客户的了解越来越多，这在两方面对（品牌）生产商造成了一定威胁。一方面，贸易商通过给市场提供质优价廉的自有品牌商品，从电脑电源线到狗粮、家用器具、打印机墨盒，再到药品、食品和纺织品，进一步挖掘了客户潜力。另一方面，贸易行业的智能数据冠军企业已经掌握了引导客户行为的能力，它们可以在市场上制衡直销生产商。我们在本书的最后一章，会介绍智能数据冠军企业在这方面采取的最重要的一些措施。

通常情况下，在线贸易商谙熟如何建立与客户紧密相连的商业模式。那些没有与亚马逊合作开展在线贸易折扣和电子书折扣活动的出版商，已经首先感受到了生产商与销售商之间实力对比不均衡的情况，他们的书品延迟发货，在线新书推介严重减少，并且印刷版次持续萎缩。这种市场格局影响力的变化不仅仅发生在出版行业。稍微大型一些的贸易商知道，用自有品牌商品与名牌产品竞争是很艰难的，并且需要投入很高的营销预算，因此他们会采取将一部分自有品牌产品与其他生产商的名牌商品联合销售的方式。当然，他们早就知道，这样做会让消费者反应敏感，比如，当我们将一个产品礼包中的一样联合利华的商品换成拜尔斯道夫品牌的同质产品，或者反过来做品牌替换时，消费者都会敏锐地发现。

> **最终是生产商钳制它的贸易伙伴，还是反过来，贸易商牵制生产商，这取决于谁在数据的支撑下能够更好地了解客户，谁能够基于数字化及多渠道生态环境建设，与客户联系得更紧密。**

数字化的多渠道贸易商和纯在线贸易商会挤压数字化竞争能力较弱的贸易商的生存空间。与此同时，在线贸易量的占比会继续增加。最终是生产商钳制它的贸易伙伴，还是反过来，贸易商牵制生产商，这取决于谁在数据的支撑下能够更好地了解客户，谁能够基于数字化及多渠道生态环境建设，与客户联系得更紧密。

如同前文已经说过的那样，我们都不喜欢感受到未来受到威胁。但是这种说法本身就是很矛盾的。一方面，这已经不是即将受到威胁的问题，因为我们所描述的情况正在一步步地演化为经济现实，且不仅仅局限于数字化产品领域。另一方面，在激烈竞争的局面下，同时还存在一种经过市场检验的、影响巨大的共赢情况，即：

与你的竞争对手分享数据，就是在实现利益共赢。

协同型客户关系管理

早在大约10年前，哈佛大学经济学家亚历山大·克拉克劳尔（Alexander Kracklauer）、奎因·米尔斯（Quinn Mills）和迪尔克·塞弗特（Dirk Seifert）就共同提出了协同型客户关系管理概念（Collaborative Customer Relationship Management，他们还同步出版了同名著作）。从某种程度上看，这个概念具有先知特质，因为它当时就预言了在受数据影响越来越深的经济环境中，会出现与以往不同的竞争局面。我们觉得，协同型客户关系管理概念在现今也可以寻找到广泛的现实基础。

基于上述概念，我们可以总结出三类企业，它们懂得如何智能地利用数据信息。

☆ **第一类：**包括谷歌、亚马逊、亿贝、贝宝和VISA（维萨）在内的数据巨头企业。它们凭借自身固有的经营模式，就可以直接掌握到庞大的数据量，他们可以直接将这些数据信息投入到下一步的经营中去。

☆ **第二类：**我们称第二类企业为“独奏者”或者“数据专家”。它们都是某一行业或者某一产品门类的领军企业，客户影响力较大，数据现状非常好。既有的市场格局为这些企业提供了良好的数据基础，并且单一客户的利润贡献度都很高，因此它们有能力实现客户忠诚度管理，并借此完成市场定位及资金筹措。这一类型的企业包括大型零售商（沃尔玛、宜家）、连锁酒店（喜达屋、希尔顿）和汽车租赁企业（赫兹、安飞士）等。这些企业大多数都是从数年前或者数十年前起，就开始凭借成功的客户忠诚度管理措施，系统性地收集客户数据信息。通过这种方式，它们对行业内市场上的客户有了深入的了解。但是，它们对跨行业的认知掌握较少。从消费者的角度看，第二类企业中的任何（单独）一家，大多都不具备必要的规模与吸引力，在激烈的市场利益争夺中存活下来，在面对数字化竞争时，大部分也不具备成为行业内一家独大企业的内部实力。因此，第二类企业中，对客户忠诚度管理较好的那部分企业，例如航空公司（美国航空、汉莎航空、英国航空），都选择与第三类企业合作的经营策略。

☆ **第三类：**与数据巨头企业开展合作的一类企业，已经打造完成了数据合作同盟。它们的智能数据合作伙伴会系统性地与它们分享跨行业的、来自不同价值创造层面的数据信息。这样做不仅仅可以帮助他们压缩投资规模，节约运营成本，还为它们提供了一个在宏观与微观层面全面观察消费者采购与消费行为的机会。有一些数据合作伙伴最终可能会参与到它们的行业中来，或者是着手开始了解它们的行业情况（尤其是星空联盟和寰宇一家项下的航空公司）。还有一些数据合作伙伴，它们通过与专业化的数据服务商（邓韩贝或Emnos）合作，或者通过建立其他的数据合作伙伴关系，开发出了一些跨行业的多伙伴联合模式（例如英国Nectar积分联盟、德国Payback返利计划）。

相互分享数据的价值创造能力早已不是新概念。在贸易领域，早在20世纪90年代，一些加入ECR倡议的欧洲工业和贸易

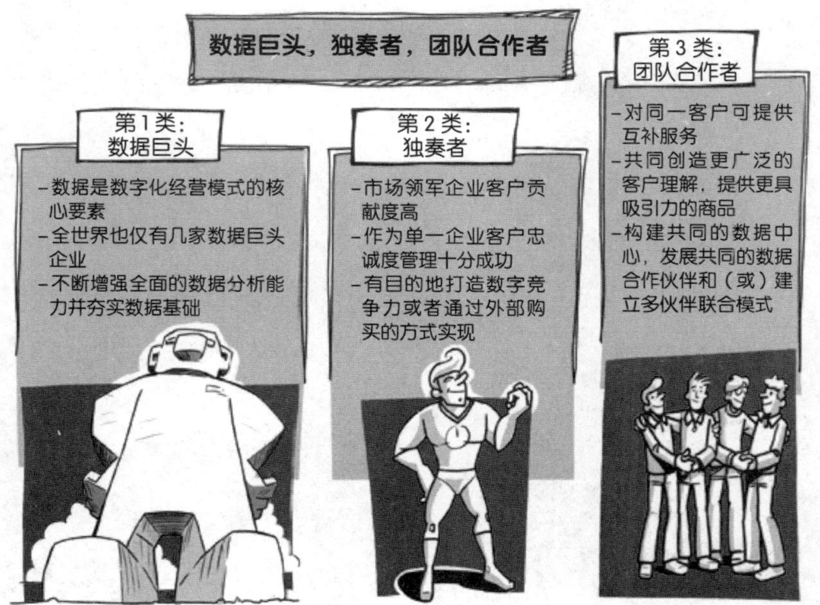

企业就已经开始系统性地践行这一理念。缩略语 ECR 代表 Efficient Consumer Response，即有效客户反应。在市场饱和状态的促进下，ECR 成员企业实现了传统的、跨企业的管理流程优化，例如完成了货板、产品编码和物品编号的标准化工作。同时，在多边数据交换的作用下，成员企业获得了对选址、产品或品类研发、价格形成和市场营销手段等更深入的认识。我们可以这样说，十几年过去了，基于数据的标准化管理流程运行一直十分良好，但是 ECR 在激励客户和提升客户忠诚度方面的表现确实欠佳，很多成员企业对此都是很失望的。

ECR 和许多其他的企业间信息交互模式都曾经并且仍然在面临 5 个最大的障碍：

☆ 在谁应该承担共同投资的哪一部分方面，无法形成一致意见
☆ 在整合不同的客户关系管理系统方面需要投入大量成本（况且这些系统还经常不好用）
☆ 数据保护方面的顾虑
☆ IT系统安全性问题
☆ 双方不信任，认为信息合作伙伴存在未按照约定用途使用数据的可能性，甚至可能将这些数据用于伤害伙伴的利益

任何一个非数据巨头的企业，在实际审视自身的实力后，若发现自己确实无法成为行业中一家独大的企业，那么此时，它就必须寻求与数据巨头企业联盟合作。

这些障碍由来已久。在利益面前难以达成一致和相互间的不信任是人性使然。客户关系管理系统数据库技术的进步和云技术的应用，使这些障碍中的一部分有所弱化。但是现在我们需要更加关注IT系统安全性带来的风险。相比15年前，有一点的确发生了本质性的改变，那就是共享数据的必要性。在ECR的起步阶段，没有什么数据巨头企业，那些所谓的“独奏者”企业也刚刚开始进行信息积累。而今的情况是，任何一个非数据巨头的企业，在实际审视自身的实力后，若发现自己确实无法成为行业中一家独大的企业，那么此时，它就必须寻求与数据巨头企业联盟合作。换句话说就是，它必须马上成为团队合作型企业。在整个市场中，第一类和第二类企业最终都会发展成为第三类企业。

在寻找潜在数据合作伙伴的过程中，以下建议可能会有帮助：

☆ 分析自身企业的价值链。在已经与其他企业开展直接或者间接合作的企业中，哪些掌握了对自身企业业务有价值的信息？这种方法尤其适合高价值或者高利润商品的多级贸易，因为价值链中的所有参与者在面对产品销售时，所追求的利益都是一致的。

☆ 关注一些行业，这个行业中的企业，与自身企业有着共同的目标客户群体，但是两个企业又不发生直接的竞争。比如航空公司之间的信息伙伴关系，租车公司与连锁酒店间的信息伙伴关系等。或者，往小了说，一定区域内的化妆品沙龙与康体中心之间也可以建立这种信息伙伴关系。

☆ 分析重要的信息是在哪里产生的，在哪里存储的。消费者在哪些企业那里遗留下了信息，而这些企业恰巧又能为自身企业提供技术和数据？这些数据提供企业掌握的信息能否有效地补充自身企业的数据库，并辅助自身企业进行数据分析，这些企业是否会对新的商业模式感兴趣？大型电信企业或者支付结算企业（VISA或贝宝）都有可能是信息提供企业。

☆ 有哪些既存的系统或者服务可以直接利用？除了大型的数据服务商，如邓韩贝、飞常里程汇或者Payback外，还有一些小型的专业化服务商，它们能够收集和分析推广促销措施的有关数据。

瑞士法典

除了多伙伴联合模式之外，我们还可以从很多年前某大型IT供应商的一个有关打印机墨盒的项目中总结出一些经验，并应用于实际工作。我们先简要回顾一下这个项目的情况：

事情需要追溯到大约10年前。在经历了一段长时间、持续的高利润增长之后，打印机墨盒生产企业遭遇了市场饱和及客户对价格越发敏感等情况。那时（可能现在也是），打印机墨盒产品需要经过多层级分销商实现销售，因此生产商根本无法掌握终端客户的情况，例如谁在购买、买了哪种型号、购买频率是什么、促进购买的因素是什么、通过哪些渠道购买等情况。生产商通过客户份额占比分析也不太可能识别出哪些是可能流失掉的客户群体。生产商的产品宣传往往缺乏针对性和精准性。在这种情形下，生产商选择了向贸易商支付广告信息费的方式，用于购买贸易经销商掌握的市场数据信息。生产商这样做，需要支出的广告信息费规模往往高达成百上千万，但是它们却并不能有效评价这种行为的效果。生产商购买这些信息的目的，是为了能够提出全方位适应市场需要的营销措施，这可以算是ECR协议的一种反向应用。这种做法对贸易经销商来说，好处是显而易见的，它们可以在其销售渠道范围内免费享受这些广告宣传带来的销售量的增加。但是，这种做法对贸易经销商来说，也存在一种潜在的风险隐患。生产商有可能会利用这些购得的客户信息，绕过贸易经销商，直接对客户进行销售；也可能通过不给经销商提供某些特定商品，从而逐步建立这些特定商品的直营业务。目前这种直营业务规模尚小，但增长率却很高。为了解决生产商与贸易商在交换信息过程中相互不信任的困局，项目参与者提出了一个名为“Code Switzerland”（瑞士法典）的解决方案，即在信息交互机制中，引入一个中立的中间商。

首先，将贸易经销商提供的客户信息进行假名化处理，然后将这些假名客户信息传至独立的分析中心进行汇总。这个独立的第三方按照智能数据流程步骤将所有可得的数据进行聚类分析。根据聚类分析结果，生产商就可以针对每个聚类或每个客户群组开展相应的宣传营销措施，目的是提升客户份额占比或防止存量客户流失。生产商可以编写一个营销手册，这个营销手册是一份跨行业、普遍性的市场营销材料，里面收录了生产商全部的营销计划和方案。

在这个过程中，生产商需要保持透明化作业，要与经销商共同商定市场营销的措施和实施范围。第三方数据分析公司本身也有系统化的市场营销策略制定工具，它们也会相应地提出战略性的营销和销售方案，这些方案会对生产商提出的营销计划提供辅助和调整。这样一来，生产商滥用数据的情况就被有效规避了。

生产商与贸易商之间的互信是随着“瑞士法典”获得成功逐步建立起来的。大约在 2005 年前后，几个贸易经销商首先试水“瑞士法典”模式。一年之后，就有大约 12 家贸易企业加入了这个模式。5 年之后，规模发展至几百家，涵盖了欧洲、地中海东部沿岸地区、非洲、亚洲和美洲的全部大型贸易商，累计贸易额高达数十亿美元。

在“瑞士法典”实施过程中，我们会通过控制组实验不断调整方案，并且为方案加入一些与时俱进的元素。这种模式为生产商和贸易商双方带来了上亿美元的业务增长，对于生产商而言，这种模式下的市场营销措施为其带来了前所未有的、高达15%~20%左右的客户激活率，营销投资回报率约为700%。通过采用这种模式，我们实现了对存量客户群体的首次全面“扫描”，并可基于扫描结果，量化评价市场营销措施的有效性和影响程度，而不再是仅仅停留在感性评价或者粗略估计营销效果的层面。最终，生产商和贸易经销商之间共享的就不仅仅是数据了，它们会一同惊喜地发现，通过值得信赖的效果评价和随之而来的营销费用智能管理，竟然产生了这样大的改变。

假名的力量

在沿价值创造链条分享数据的过程中，以下因素是成功要素：

☆ 作为方案的发起者（一般是生产商），如果想促进方案的实施，就要首先着手建立互信的基础。通常情况下，先期的费用需要生产商支付。

☆ 致力于分析这些假名数据的中间服务商需要协助企业建立这种互信。此外，在方案实施过程中，还需要解决一系列数据保护方面的问题。（在下一个案例中，我们再详细介绍这一点。）

☆ 数据分享方案需要有明确的目标和清晰的原则支撑：要提前规定清楚，谁可以利用哪些数据并做什么。所有的参与企业都需要明白一点，那就是任何联盟在开始阶段都是十分脆弱的。经验告诉我们，如果联盟中有一个人不守规矩，那么整个联盟就有可能解体，若是此时还想设法拯救联盟不致解体，那么就需要付出极高的代价。

☆ 企业的股东们总是要求完美和严谨的项目管理。但是他们却总是忽略一点，那就是好的项目管理需要相应的资源来支撑。

☆ 高度的透明化才能促进和保证大家对整个项目的充分信任，要定期召开项目进度沟通会，不要使会议流于形式。

形成企业间的数据分享伙伴关系的价值是显而易见的。很多线上贸易企业甚至对此给予高度评价，认为这种做法已经突破了企业间的界限。例如，Rocket Internet公司为其所有的在线商户建立了一个共同的客户数据库，使所有的在线商店都形成了数据分享伙伴关系，并将这项服务作为公司与其在线商户客户商务合同的一部分。通过这种方式，公司所有的在线商店都共享同样的数据，并且可以获得来自兄弟企业的客户信息。今后，这种有组织的数据合作形式肯定还会延伸到其他行业中的企业。这种推广的前提是，从一个企业中获得的客户数据分析结果对另一个企业来说也同样具有很高的利用价值。线上贸易商间的数据分享就能够实现这样的效果，未来也会有越来越多的行业是这样。

然而目前，我们在许多行业内发现了相反的情况。一个由一名股东控制的企业集团，它旗下所有不同的子公司都在为同一群客户服务，但是却没有一家子公司能搞清楚，到底哪些客户是在哪家子公司购买的商品。相应地，也没有任何一家公司去尝试，与其他子公司一起去提高客户价值。之前，每一次打算要在这个方向上有所建树的想法都因怕遭遇IT问题或者是对数据保护方面的担忧而被扼杀在摇篮中。针对这种现象，与上述案例中描述的打印机墨盒生产商和销售商类似的企业需要认识到：

法律上独立的数据分析服务供应商应该且能够受托对假名客户数据进行处理，进而形成普遍性的客户聚类分析结果，随后将这些重要的市场认知信息反馈给委托企业。在企业集团内部，我们应该允许相对便利地使用这些所谓的检索信息，比如名字，还包括头衔、地址、行业、工作关系和生日。我们在使用这些信息时，应该时刻意识到这些信息的附加意义，它们很可能就是聚类信息分类标签！

我们可以从一个大型金融服务企业集团的一份可行性研究中，了解到这种形式的数据共享带来的增值究竟有多巨大。为了规避这个过程中可能存在的法律风险，这家金融服务集团首先委托一家结算所将这些来自金融同业的客户信息进行了假名化处理，这些数据包括了来自私人银行、多家保险公司、建房互助储金信贷社和投资集团的客户信息。之后，这家结算所将经假名处理过的客户信息反馈给了这家金融服务集团。随后，这家金融服务集团将这些带有客户ID的假名客户信息转交给了所谓的数据分析中心，由分析中心基于全部数据进行客户聚类分析。随后便产生了约300个小的客户聚类，这些聚类在客户具体和长期需求方面有很强的指导性，并且聚类之间存在渠道相似性。分析中心将每一个客户都归入一个聚类中，后将聚类分析结果反馈给参与项目的金融同业。正如前文描述的一样，这个项目的高潮即将到来：如果反馈的信息中仅包含单一客户的一些检索信息，那么这时，收到信息的金融同业首先要对自己的客户进行“去假名”处理。此外，分析中心还能够对纯匿名信息进行多样化的分析。

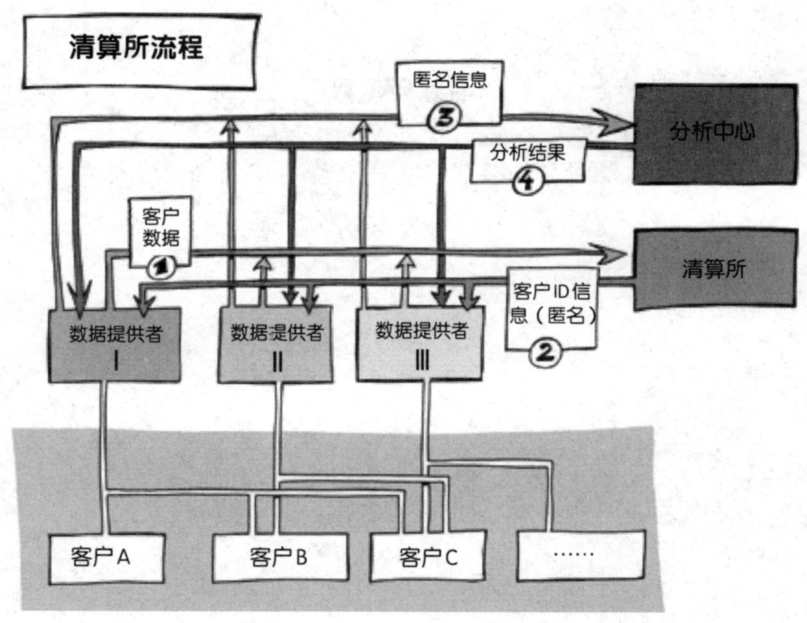

客户信息共享可以帮助我们实现：

☆ 与每一家子公司单独掌握数据相比，客户信息共享可以让我们获得更准确的聚类分析结果，更好地了解客户需求。

☆ 每一家子公司都可以利用聚类分析结果满足自己客户的需求。

☆ 分析中心输出的普适性认知结论首先应该被用于细化自身的客户聚类分析结果，或者优化产品组合。不要把这些信息直接用于单一客户层面。市场营销人员面对这种一般性分析结论时是大有可为的，很可能在某个客户聚类中就有广泛的按揭贷款需求。

清算所流程

☆ 清算所获得了带有假名标记或客户编码的检索信息，并且将这些信息与存量客户进行反复比对。随后，为每个客户指派一个ID，除此之外不进行任何操作。清算所将这些处理过的检索信息反馈给企业集团。

☆ 企业集团将这些重要的假名化信息转交给独立的数据分析中心。

☆ 数据分析中心从清算所获得数据密钥（ID=假名标记），这是进行存量客户分析的基础。企业集团只需要知道这些客户是企业集团的，但不需要知道这些客户具体来自哪个子公司。

☆ 分析中心基于全部数据进行聚类分析，并向企业集团反馈每个假名标记的聚类特征。

对于智能数据冠军企业来说，持续性地与他人共享数据信息只是实现自身数字化转型的重要的第一步。下一步，这些企业需要考虑，是否应该为了寻求以客户为中心的、基于数据的商业模式，而去扩大既存商业模式的边界？我们要不要考虑建立一个娱乐社区，而不仅仅是售卖娱乐电器？我们是不是考虑研发一下便利店的售货系统，而不仅仅是停留在为便利店供货？在为饭店供应食材的同时，还可以考虑运营一个餐厅订位平台。以这种方式去拓展商业模式会获得较好的协同效应，对相关市场情况有一定掌握，有助于直接开辟新的销售市场，伴随着销售额的增长，企业价值不断提升，可以更好地获得资本市场的认可。

双重选择性加入？是的！

此时，提出一个具有约束性的提示是很有必要的，即获得客户明确的允许，这是与其他公司频繁交互客户信息的根本性前提。数据保护者对此的要求还要更高，他们认为，在与其他公司共享客户信息之前，必须获得客户有意识的认可，并且使用客户信息的公司必须与其他公司建立明确的数据合作关系，不能够容忍与本不想开展合作的公司共享客户数据，或者与根本不知名的公司共享客户数据信息的情况出现。我们认为这种约束是合理并且正确的。

客户数据信息的所有权在客户。只有在客户允许的情况下，公司才能够使用。

客户数据信息的所有权在客户。只有在客户允许的情况下，公司才能够使用。

企业需要努力获得使用客户数据信息的权利。也可以这样表述，企业需要通过自身的努力，例如增加信息使用活动的透明度、为包括客户在内的参与者创造更大增值等，去赢得客户的认可，进而允许其使用自身的数据信息。我们称这一行为为“赢得数据”（Earned Data），这跟目前在市场上获得了广泛关注的“赢得媒体”有些相似。我们会在本书的最后一章再详细地介绍这一概念和理念，此处对数据分享的原则就先介绍这么多。

智能数据冠军企业对数据合作伙伴这一概念的理解，不仅仅停留在企业与客户之间的一纸协议层面。公司需要为客户带来更好的服务体验、更专业的咨询服务和更优质的产品。

如果企业真正能够做到这样，那么会有越来越多的客户乐于与企业建立数据合作伙伴关系。到那时，客户这样做，就不再是因为接收到了要求同意共享客户数据的操作指南而不过脑地点了几下确认键了。

这种规避数据假名化处理的行为是合法的。只要企业能够做到始终维护客户利益，并且致力于维护长期客户关系，那么即便是极其复杂的德国数据保护法律也许可这种行为。只要企业能够坚持这样做，而不仅仅是口头上说说，那么客户就不会要求对信息进行假名化处理，同意在使用信息时不隐去真名，这样可以让企业更好地了解客户的需求。此时客户会乐于并有意识地点击“选择性加入”按钮，共享自身信息。

第7章 智能优化选址、产品线和产品

“错误的旗杆”

如果是一些基础性的因素，比如网点选址、产品线或者产品，不能够与客户需求相适应，那么就算产品再智能、合作伙伴再优秀，也无济于事。遗憾的是，我们总是会以南辕北辙的标准来衡量这些因素。

网点选址十分重要。在决策过程中，应该遵循一定的逻辑，并听取多方意见，尤其是在贸易领域。然而在现实中，很多选址决策是基于决策者自身的主观逻辑的，并不是基于客观因素。我们也可以这样说，在规划和优化选址的决策过程中，实践情况与逻辑理论偏离甚远。

事实上，用于验证选址是否合理的统计学方法早就存在，并且经过了实践的检验。从本质上看，这种方法并不特别复杂，而且在过去的10年中没有发生太多根本性变化。在做出选址决策前，一般来说，我们要分析购买潜力、核心目标客户的行动路线以及步道的使用频率等。这样分析的结果往往是，我们会让一个新规划的建筑市场直接毗邻其区域内最强劲的竞争对手，比如选址在一个拥有相似产品线的家具市场的正对面，未来可能还会为这些同一竞争领域的商家配套加油站等设施。

针对区位选择的聚类分析造成了德国批发零售行业扎堆的现象，具有直接竞争关系的企业挨得很近，并且贸易模式也很相似。一位选址战略家认为，导致这种“扎堆”现象的原因是“旗杆效应”。有时候，树立这根旗杆意义非凡，它可以是一种优越性的象征。在贸易领域，我们提到“旗杆效应”时，往往会引发数据使用中的理解误区。当一个看起来非常具有吸引力的选址进入我们的视野时，我们总是会产生一种念头，我们一定要把新址定在这里。这样做是有原因的，因为这个地点享有很高的关注度，并且与其他地方互通方便，因此具有战略性价值。这些选址之所以能够获得我们的关注，也常常是因为重要的竞争对手已经在此处建立了一个网点，且这个网点多年来经营得很成功。

但是，绝大部分批发企业在网点发展过程中并没有孕育出一种战略去指导不同地区、不同经营模式的网点，凭借它们的产品去匹配客户多元化的需求。一般情况下，我们会尝试去建立一个新网点，然后利用在其他地区业已成熟的经营模式，去满足客户既存的（有宏观市场调研数据支撑的）需求。不同地点的网点间差异巨大，显见的包括网点大小、场地结构以及产品线等因素，大部分并未被考虑在内。在本书的第二部分，在谈到客户旅程的时候，我们已经提及这一点了。网点负责人的任务就是，利用成功的经营模式，去满足具有区域特色的客户需求。但是令人着急的是，只有要在做出选址和经营模式选择的决策时，企业才会想要去分析具有区域差别化的客户需求对选址策略的影响。这绝对是一个决定性错误。大型的贸易连锁企业必须马上着手研究针对不同市场的经营策略。智能数据冠军企业也应该从客户角度出发，持续地考虑选址决策的问题。理想的情况应该是这样的：

☆ **第一步：**首先要了解市场，把客户进行分类并排出优先级，然后针对不同类别的客户提出差异化的经营策略。在此过程中，需要注意客户旅程情况，并且明确定义出网点经营模式的角色作用。

☆ **第二步：**确定我们在网点选址过程中需要怎样权衡哪些标准。

☆ **第三步：**开放性地研究客户的购买潜力。借助于捷孚凯（GfK）和尼尔森市场研究公司数据库中的邮政编码信息来研究，会相对容易一些。

☆ **第四步：**将差异化的客户购买潜力情况与自身选址、最重要竞争者的选址情况进行比较，发现市场空白点。

☆ **第五步：**系统化地评估潜力区域内的客户需求，评估有市场研究数据支撑的网点，评估既存的、有相似客户潜力的网点的交易数据。

☆ **第六步：**到这步，我们才开始去寻找具体的选址。虽然存在例外情况，但在一般情况下，我们要避免与强劲竞争者挨得太近。如果物理距离太近，那么就要经受考验，与已经“树起旗杆”的竞争者相比，我们是不是能够以一种全新的贸易模式去更好地满足客户需求。

☆ **第七步：**利用可掌握的全部数据源，详细地分析网点的微观环境，比如，利用谷歌地图系统性地检测购物高峰期的交通情况。基于证据的决策是主观态度的前提。

☆ **第八步：**参考差异化的选择标准，确定正确的选址和经营模式。

如果此时有人觉得这样做很乏味，宁愿借助智能手机数据去做大数据客流研究，我们觉得这也是可以的，但前提是掌握了相应的技术手段。其他人最好还是优先考虑一下上述智能数据解决方案。

美国沃尔格林公司借助Excel实现选址优化

每一个网点都具有区域特性，尤其是药品销售网点。拥有近 7 000 个销售网点的美国药品销售连锁企业沃尔格林公司，在多年前采用了一种独特的方式，对客户的购买数据与住址信息进行了比对研究。结果发现，最大购买距离是两英里！住址距离一个网点超过两英里的客户就基本不会去这个网点买药了。基于这种数据研究结果，沃尔格林公司的企业战略人员可以发现前文提到过的网点发展过程中的市场空白点，也可以发现网点量供过于求的情况。另一方面，研究结论更容易转化为实践，即企业负责人可以更好地去优化在每个网点投入的广告宣传预算。

沃尔格林公司主要通过在报纸上安插宣传折页进行广告宣传，这些广告折页会随报纸被分发到全国所有有邮政编码覆盖的区域。研究人员利用 Excel 汇总数据信息，识别出哪些邮政编码覆盖区域与最近的药品销售网点间的距离大于两英里。随后，这些区域的广告宣传预算将被取消。沃尔格林公司通过这种方法，累计节省了 500 万美元的费用支出，但销售额却丝毫没有受到影响。

在正确的地点采用正确的销售模式

在下一章我们会看到，数据是如何使多渠道贸易成为可能并促进其发展的。在此处我们先重点强调，在不同的销售模式下，在与客户直接接触的过程中满足客户需求的能力，是在大多数行业和商业领域建立多渠道战略的前提。迄今为止，尤其是在贸易领

在不同的销售模式下，在与客户直接接触的过程中满足客户需求的能力，是在大多数行业和商业领域建立多渠道战略的前提。

域，这一点被强烈地忽视了，因此这反而为我们提供了机遇，使我们有可能在激烈的市场变革中占据竞争优势。在贸易领域，大型的连锁企业可以通过上面八个步骤很清晰地识别出哪些选址对全产品线网点来说是合适的，哪些客户需要购买受监管类药物，哪些位置适合设立快闪店，以及哪些地区的居民喜欢在下班的路上顺便开车去便利店买东西。获得这些认知不仅仅对建立新网点有帮助，对优化现存网点网络也有益处。

当然，这也不仅仅适用于分销贸易，对B2B贸易也起作用。在B2B领域，有时更容易发掘这些认知的应用潜力，就比如我们在前文提到的一个智能数据项目中，优化一个中型家装服务供应商的外勤资源那个案例一样。

“二战”之后，在德国经济奇迹那些年，德国企业经历了持续性的高速增长，几乎没有经历经济萧条的阶段。在这期间，这些企业的分支机构网络也得到了生机勃勃的发展，但那时的发展主要是凭“直觉”。

借助邮政编码和交易数据信息，在分析客户需求的时候考虑到区域差别化的因素，这种方式与之前的市场渗透截然不同。在一些地区，外勤人数过多，但产生的经济效益少。而在另一些区域，外勤人数又与客户需求潜力不符，不能满足市场竞争的需要。在数据的支撑下分析外勤人员到客户处去的实际路程时间，我们会发现，其实是外勤营销区域的划分有问题。在直线距离规划和路程规划的辅助下，我们可以优化外勤人员的路程选择。通过重新划分外勤营销区域，外勤人员整体的工作饱和度在原基础上可提高20%，人均工作饱和度范围从之前的60%~120%调整为基本每个外勤人员都可达到95%。

如果我们把数据在图表中进行可视化叠加，我们可以直观地总结出很多有意义的功能整合措施。加上一点儿对路程数据的统计学分析，我们很快就可以得到新的区域划分方案，并重新进行资源配置。不需要关闭任何一个网点，也不用裁减雇员。此外，这也是一个长期的转型方案，企业可以在后续逐步实践。

无论是设计建设新的网点，还是从根本上重新规划既存网点，都是一项长期的工作，远比在纸面上基于数据提出的优化方案要复杂。如果亲身参与到这项工作中就会发现，在实施过程中存在很多的限制和困难，比如投资额巨大、可支配用地面积有限、审批障碍重重、施工制度限制、长期租赁合同事宜、劳务法律制度要求、不同网点间员工的抵制情绪等。数据只能够辅助我们做出关于网点发展的正确决策，并协助我们通过实验项目获得关于网点具体设计应用于实践的认知。在跨越实践中的种种障碍上，数据能做的十分有限。但是，在优化产品线方面，数据能发挥的作用就很大了。在促进供求关系协调并符合区域性特征方面，数据是必不可少的，在某些情况下，我们甚至需要实时数据来监控供求关系平衡问题。

WALMART
WALMART

实时优化产品线

当美国气象台预测佛罗里达州将有飓风时，不仅仅是当地的救灾组织做好了应急准备，当地的沃尔玛超市也备足了食品，以应对客户购买需求的变化。超市会立即向恐受灾地区派出货运卡车，这些卡车负责向灾区输送物资商品，如桶装水、压缩液化气筒、煤油灯、保质期较长的牛奶制品、烤面包干等。还有一种家乐氏公司的名叫Poptarts的华夫饼，甜甜的，质地有些黏稠，很多在婴儿潮年代出生的人小时候经常吃这种华夫饼，它会让人回忆起儿时和谐安宁的生活，因此在面临危险的环境下，人们似乎特别爱买这种华夫饼。

沃尔玛在掌握贸易客户数据信息方面几乎可以与亚马逊比肩，算是世界上数一数二的公司，同时，沃尔玛也是世界上为数不多的真正实践大数据应用的公司之一，在数据应用领域已经取得了极大的竞争优势。一场飓风的来临，只能算是持续优化产品线过程中的一个显性极端事件。沃尔玛公司能够做到实时监测某一地区多变的天气数据，并能够将监测结果与产品销售数据关联分析，随后会将分析结果应用于产品供应及定价决策中。凭借此种做法，一方面，沃尔玛公司具备了极其灵活的物流配送能力，成为20年来最具市场分析能力的市场竞争者之一；另一方面，沃尔玛公司的仓储成本显著降低。

现阶段，几乎在所有的大型欧洲贸易企业的贸易研究项目中，都能发现一个基本的诉求，那就是尽快掌握像美国贸易企业那样的数字化竞争实力，并用尽可能短的时间，优化自身的产品线，以满足变化了的市场需求。树立这样的项目目标是有原因的：

> 智能地优化产品线，能够使我们在数据的辅助下，更好地对标客户需求，提高客户价值，与此同时，还可以优化库存、降低成本、提高市场营销有效性。

然而，一件事情的结果，往往不如人们预想的那么好，在这件事情上也是这样。如果我们想系统性地优化产品线，成功与否在很大程度上取决于销售和市场研究数据。试点市场和实验室数据显示，由于市场竞争情况的不同，实际的优化结果差异较大。在产品线确实存在优化空间的前提下，地区性的结果差异往往跟市场或企业领导者的经验和市场直觉有关。如果一家贸易企业能够将沃尔玛公司视为自身数字化竞争力的榜样，那自然是好的。但不是每一家企业都能够做到像沃尔玛公司那样，通过系统性地分析交易数据和市场潜力数据，及时（最少按周）调整区域产品种类，（最少每日）调整产品定价，使供求相匹配，同时还能够重点关注某一产品门类的情况。

智能数据冠军企业通过以下 5 个步骤，获得优化产品线的能力：

> 1. 系统性分析购物车信息；
>
> 2. 获得灵活调整产品供给和产品定价的能力，并且能够衡量调整结果；

3. 关联产品门类数据，以便于进一步优化产品线；

4. 缩短使产品供给与产品定价相互匹配的时间（从按周到逐日，再到实时调整）；

5. 基于上述4个步骤的经验，构建一套基于数据的，对其他市场、工厂、企业等领域具有推广性的优化流程。

如果连锁商店能够坚持品牌定位管理，那么对商品门类和产品种类的细分将取得成效。

产品种类、产品定价细化的作用是有限的，这并不难理解。因此，尤其是连锁商店，还应该关注网点品牌定位的问题。如果一家位于柏林或慕尼黑的网点，在箱包区出售日默瓦行李箱，但是哈根和吉森市内的网点，却在售卖不知名品牌的行李箱，那么对消费者而言，这家连锁商店的品牌定位将日渐模糊。

采用不同的形式去强化产品细分，这对大多数贸易企业来说都有好处，我们在这一点上是有共识的。如果连锁商店能够坚持品牌定位管理，那么对商品门类和产品种类的细分将取得成效。再以一家大型食品商店为例，这家商店对它的客户群体以及客户需求进行了持续性的细化分析，然后这家商店将可实现根据不同网点主要客户群体类型，将每家分支网点进行功能定位，将网点分为日常网点、中等网点和高档网点三类。然而，这只是第一步。

根据不同的行业，采取不同的细化形式，这是十分有必要的，因为不同行业的网点，其功能可能是截然不同的。银行网点就是一个很好的例子，汽车行网点也是。以前，人们在买某一辆车之前，平均要去车行逛 4 次，而现在，车主基本上去一次车行，就能决定是否购买。通过产品配置软件、网络浏览和汽车行的官网查询产品信息，这个过程在“客户旅程”中占比越来越大。显而易见，从客户的角度出发，汽车行的功能定位发生了根本性变化。其实，早在一二十年前，汽车生产商就意识到了物理网点功能定位的问题。当时，几乎所有的生产商都在考虑多销售渠道战略并赋予物理网点新的功能定位。但是当时，我们对“到底哪种物理网点定位才是符合未来发展趋势”的认识还很少。从汽车生产商和销售商的角度，谋求物理汽车行网点的替代性转型，仍然需要尝试和探索。

所有智能数据解决方案都需要遵循的一个根本原则是，要处理好投入与产出的关系，这也同样适用于上文提到的方法和措施。在实际工作中，要想处理好投入与产出的关系，能够衡量和量化产出是大前提。此时，基于数据的产品线优化就显得十分必要了，因为只有基于产品优化细分，我们才能够为解决方案的每个阶段设计合适的对照组试验，进而才能够从根本上推动转型。

DDI，这三个字母在全世界数字化复兴时期获得了广泛关注。DDI 是 Data Driven Innovation 的缩写，即数据驱动创新。在理解或者介绍数据驱动创新这个概念时，人们往往会提到其带来的破坏性影响。我们承认数据的破坏性影响力，并且在《我们的数据》一书中详细描述了数字能够产生破坏性影响力的原因。与此同时，我们也相信，改变人们对数据影响力的看法只是时间的问题，人们会意识到，在某些领域使用某些数据，将会给世界带来改观，将对企业及其市场、销售部门产生积极影响。只是现在，人们还热衷于关注数据驱动创新带来的破坏性的威胁，而不是进步。

数据驱动创新可分为三个层面：

1. 数字化技术创造全新的产品和服务；

2. 在数据的支撑下，将会孕育出前所未有的商业模式；

3. 在数据的辅助下，通过反复的对照组试验，逐步优化既存的产品、服务和流程。

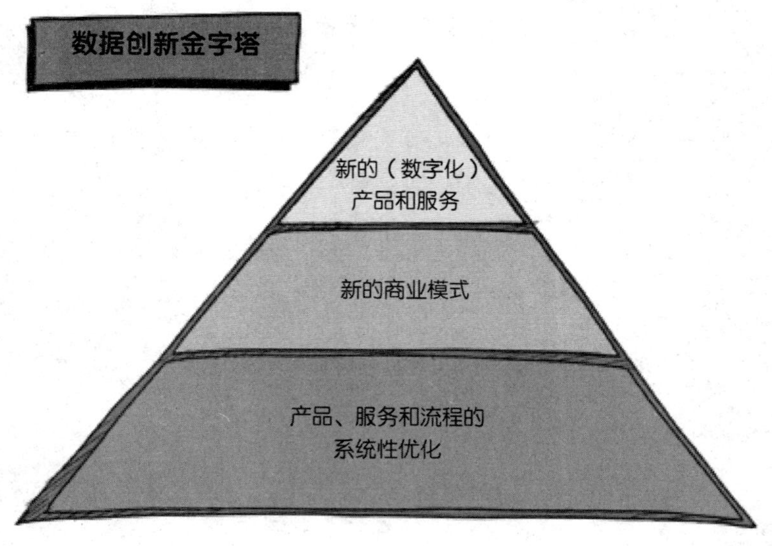

在与企业家交流的过程中我们发现，大多数企业决策者都对前两个层面极其感兴趣，而对第三个层面关注太少。一家德国汽车生产企业不断地思考，如何能够生产出无人驾驶汽车，这自然是有意义的。同样，保险公司的产品研发部门去考虑，在汽车司机可以通过地理数据服务器将他们驾驶车辆的信息和行车信息实时地发送给保险公司的情况下（即使现在还做不到这样），是否可以研发出一个新的个人保险险种，这也是有必要的。

然而，智能数据冠军企业往往会从第三个层面着手，并且在流程长效优化方面倾注最多的资源。例如下列四项智能产品创新案例：

☆ 一家大型的运动鞋生产企业引导其客户使用个人跑步App。通过研究App使用数据以及特定款式鞋类的销售数据发现，购买某一款顶级跑鞋的消费者，在使用跑鞋方面存在极大差异。基于此种认识，这家企业改变了这款跑鞋的产品定位，将购买这款跑鞋定义为健康生活方式的象征，并且针对特定的消费群体展开了相应的广告宣传。通过这种方式，这家企业促使特定消费群体的生活方式更加健康，另外，通过改变产品定位和市场宣传这两种手段，企业的营业额获得了大幅提升。

☆ 有一家德国大型家用电器生产企业，对自身产品在东欧地区的销售表现不满意。于是，这家企业尽可能搜集了自己和竞争对手产品的市场、价格以及产品特征等数据。这些数据一部分来自数据库，另一部分由一家专业的产品标准管理组织提供。通过数据分析发现，在对产品购买决策影响较大的产品特征方面，东欧和西欧地区是截然不同的，差异之大远超这家德国生产商的想象。在认识和把握这种差异性方面，亚洲的竞争者似乎表现得更好，或是有更好的数据信息支撑。比如，一个蓝色的、黄油块儿大小的LED（发光二极管）灯泡，俄罗斯的消费者就会愿意多付出50欧元去购买。一个小小的产品特征改良，可能就足以提高产品在客户心中的价值表现。

☆ 对一家电信供应商来说，消费者最关心的产品特征就是，手机信号的接收质量是否良好。可惜的是，建造和运营通信网络的成本，偏偏是这个行业最大的成本支出科目。一家阿拉伯地区的通信网络供应商在早年便面临市场挑战，网络传输能力的建设跟不上快速增长的市场需求。这个问题使这家通信网络供应商面临客户因不满意通信质量而加速流失的风险。因此当时，这家通信网络供应商的决策层在建设和运营网络方面追加了数十亿美元的投资。如果这个案例发生在一个智能数据项目中，我们会建议这家企业的决策层首先去差别化地关注一下区域客户潜力，然后参考每个通信基站覆盖区域内的客户价值贡献，以及服务满意度尚高的客户群体的追加销售潜力，再来规划网络扩建的进度。这样做的话，只需要利用海杜普（Hadoop）软件就可以提取分析交互数据，成本支出可能也就5位数。相比数十亿美元的追加投资来说，岂止是合算可以形容的。

☆ “Emmas Enkel” 是小型便利店的迭代产物，即那种新式的、很小规模的、根植于当地消费需求的零售店铺。这些店铺要从 8 万多件商品中挑选出几千件适合于地区销售的商品，仅依靠直觉恐怕是不行了。现在，它们持续性地关注并利用销售数据，从而做到使所售商品与服务的小区域内不断变化的市场需求相匹配。

第 8 章
多渠道到底是什么意思
——为客户和企业提供最好的“客户旅程”

我们先来关注贸易领域。人人都在说“多渠道”，但是站在客户的视角，到底什么才是“多渠道”？有可能是这样的：

> 人人都在说“多渠道”，但是站在客户的视角，到底什么才是“多渠道”？

我下午窝在沙发上，用笔记本电脑购物，我发现了一双黑色的鞋，特别喜欢。我用谷歌搜索发现，这双鞋在一家连锁百货商店在售，而这家商店正是我平时经常光顾的。在我下次去这家百货商店逛街的时候，我特意走到了卖这双鞋的柜台，并试穿了这双鞋。这双鞋很舒适，但是适合我的尺码的只有棕色了。我在柜台看了同款黑色的样子，但是是别的尺码。之后我请商店调货，并于第二天将黑色的、适合我穿的尺码的鞋配送到我家。我知道，即便这样，如果我认为有必要，我也可以选择退货或者去柜台再换成棕色的那双。但我并没有那样做。买到的这双鞋跟在柜台试穿的那双一样舒适，我下午就穿着新鞋出门了。潜意识中，这次购物体验给我留下了良好的印象，我获得了优质的服务。这种印象很有可能驱使我在下次购物时，还是窝在沙发上上网，并直接进入这家连锁商店的在线官方网站。反正我已经有这家商店官网的登录名了，是在上次这家商店为我提供物流配送服务时直接生成的。

物理网点、数字化信息和销售渠道的协同配合是未来的发展趋势，这在当今贸易领域已达成共识。线上销售促进线下销售，反之亦然。在物理网点可接入在线官网和购物App。大型电商也在对实体店进行研究，Zalando走访了周边地区的大型直销商店，亿贝协同麦德龙集团对一家创意商店开展了研究，在这家商店里，包括贝宝支付功能在内的手机应用被智能化整合使用。亚马逊则走访了一些昂贵地段的中型实体店，其中有一家纽约的实体店恰好坐落在帝国大厦的正对面。在对实体店的研究过程中，很难不提到苹果公司实体店成功运营的例子，这个案例被视为数字化产品世界中的丰碑。

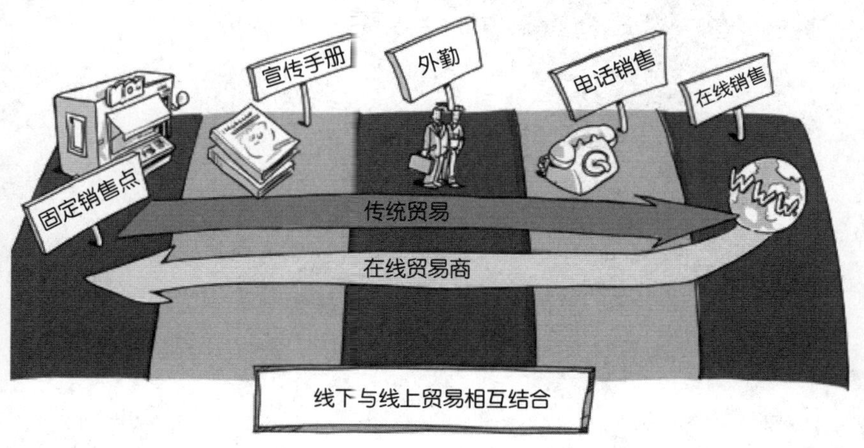

多渠道发展——内外有别

智能化地组织并发展企业的多渠道战略是一项大工程。完成这个工程的难度在于，在某种程度上看，客户和企业对结果的要求是矛盾的。企业希望将多种渠道整合起来，让客户觉得各种渠道形成了一个有机整体。但是企业在管理各种渠道时，却需要视每种渠道的特性，分别采取不同的运营模式。简而言之就是：

> 对外，需使多种渠道无缝链接、发挥作用；对内，需对各种渠道实行差别化管理。

对外，需使多种渠道无缝链接、发挥作用；对内，需对各种渠道实行差别化管理。

只有通过尝试，才能够发现未来发展之路。从自身或者竞争对手的每一次尝试中，我们都能有所收获。去年针对贸易领域的一项研究显示，在有些企业中，对于发展多渠道战略，存在一系列理解误区。

误区一：将线上渠道视作竞争渠道

在过去的一段时间里，一些贸易商犯了一个错误，那就是在建设在线商城方面倾注了相对多的精力，目的是为了招揽更多的客源，但是同时，它们也担心在线商城的发展会对实体店的销售产生不利影响。它们之中不乏超大型贸易商，有一些甚至时至今日都没有认真地梳理对比一下它们掌握的实体店会员卡客户信息和线上客户信息。这样做产生的后果很能说明问题，那就是纯在线贸易商的在线销售表现优于传统实体店贸易商。

误区二：认为多渠道战略是一个技术解决方案

这些企业之中，有一部分是太晚才认识到数据的重要性，另一部分则是有错误的认识，认为只要技术基础设施齐备，只要所有销售渠道和系统有机链接，那么就等于多渠道建设已经成功了。多渠道发展战略是一项高预算投入型的工程，而且对IT部门来说是一项长期、艰巨的工作，涉及多种非常复杂的IT工具和解决方案。如果企业中的市场营销人员不能够正确理解他们怎样能引起哪些层面、哪些客户的消费兴趣，那么即使是多渠道发展，也不能够为企业带来盈利。然而，这还不是最糟糕的结果。有一些需要很多新科技加持的多渠道发展项目，最终恰是败于确实存在的技术障碍。比如旧系统不能满足需要，但是再购买一套新系统又会大大超出预算。

误区三：认为客户和企业在看待多渠道方面是同样的逻辑

市场营销人员（当然也包括市场咨询人员）具有专业化的知识，他们对于购物世界的看法受专业化的影响，有时是扭曲了的认识。他们（和我们）的大多数直觉、灵感和知识，关于对与客户第一次接触直到理想情况下客户再次购买这一过程的认知，来源于他们自身的购买行为和他们对周边世界的理解。我们如果作为专业人员，在考虑问题的时候，也愿意采用多渠道的逻辑。我们会考虑某一个特定渠道的优点是什么，在什么情况下（如有必要）我们将会选择其他渠道。在获得考虑结果的基础上，我们会站在企业的立场去优化企业的渠道，最终目的是赢得更多的客户。我们更愿意认为，随着数字化世界和其现有渠道的发展，客户转换渠道是必然会发生的“坏事”。这种认识自然是不对的，是以企业为中心的想法。但是，在寻找多渠道解决方案过程中，这类受职业背景影响的“过滤气泡”问题是另外一回事。如果一个客户对数字化时代的购买行为没有什么特别的探求兴趣，他基本上不会去考虑自身的渠道偏好问题。因为对客户而言，购买行为不是由渠道组成的，他们的“客户旅程”是由一系列多样的“触点”组成的。客户在每个单一触点获得的感受，将会影响他的购买和再次购买行为。表达得更清晰一点儿，就是多渠道是一个具有误导性的概念，因为它是单向的概念，仅从企业角度出发去考虑问题。

对客户而言，购买行为不是由渠道组成的，他们的“客户旅程”是由一系列多样的“触点”组成的。

企业考虑优化渠道，客户只是凭感受。第三个理解误区从根本上决定了数字化世界中的企业在每次尝试进行智能化客户管理时能否取得成功。想要获得最终结论，仍需谨慎跟踪观察。

弹球机而不是保龄球

当今的市场营销更像是在玩弹球机游戏，而不是保龄球。

这种说法最早是由来自明斯特的市场营销与媒介教授托尔斯滕·亨宁–图劳（Thorsten Hennig-Thurau）提出的。大致的意思是，当我们把市场营销比喻成保龄球游戏的时候，市场营销宣传手段就是保龄球，目标客户群体就好比保龄球瓶，大量的市场营销手段是直接针对目标客户群体的，就如同用保龄球去击倒球瓶的过程一样。这个沟通过程相对来说是受控制的，且只有在市场营销人员具有很强的营销能力的前提下，市场营销过程才会发挥作用。从实际情况来看，营销失败的情况较多。后续，通过电视、广播、杂志等媒介营销的情况，也影响营销效果。在这样的沟通模式下，客户无法发挥主观能动性。相比于今日，客户可选择的产品和沟通媒介是十分有限的，在产品购买渠道方面，可选择的余地就更小。在实际消费过程中，许多产品就只能通过一种渠道购买，那就是他们经常光顾的实体商店。

最晚从社会化媒体产生突破以及通过智能手机可以上网开始，市场营销和企业经营变得更像是在玩弹球机游戏。市场营销的方向变得更多元化，在很多领域，市场宣传将失去原有的市场控制。这就好比在弹球机游戏中，我们会朝很多方向射出小球，有时候可以让小球一杆进洞，但是大多数时候都没打中。面对这种市场营销控制力的丧失，我们的确可以抱怨，然后对沟通和销售渠道的日趋复杂无能为力，而后只能在电视广告方面撒下大把的营销经费。但是同时我们也期待在每次销售过程中，产品的品牌价值和更高的市场占有率可以对客户购买行为产生一些影响。或者我们可以努力尝试在单一的“触点”上，为每一个客户群体，甚至是为每一个客户开辟个性化的“球道”。

最晚从社会化媒体产生突破以及通过智能手机可以上网开始，市场营销和企业经营变得更像是在玩弹球机游戏。市场营销的方向变得更多元化，在很多领域，市场宣传将失去原有的市场控制。

基于上述，综合我们对前文提到的误区三的认识，我们必须从根本上分析重要客户的常见“客户旅程”，在每一个“触点”思考如下问题：

☆ 客户在这个“触点”期待怎样的服务？

☆ 客户在“客户旅程”的哪个阶段最期待某项服务？一个客户是刚开始了解一个产品，或是已经在考虑购买了，还是仍需要一些营销推动？一个客户已经是老客户了，是在考虑再次购买吗？是在考虑延长服务合同吗？

☆ 我们应该采取何种措施引导“客户旅程”向有益于企业利益方向发展？我们将这些措施称为加速器和连接器。

智能化的加速器（推动既存但尚未被察觉的市场需求）和连接器（连接已经明确的客户需求）要能够推动客户在某一渠道中的“客户旅程”持续向前发展，这个渠道需要信息透明，且便于客户使用。这是第一个要点。然而现在大多数市场营销的真实情况是，我们往往是从企业的视角看事情的，我们会考虑，一个常规客户是怎样常规对待一个“触点”的。第二个要点是，在每一个“触点”，我们都需要一个量化标准，去衡量并优化已采取的措施的效用。第三个要点，我们需要有针对性地去寻找新的信息源，帮助我们在“客户旅程”的每一个阶段加深对客户的了解。谁能够做到以这样的眼光去审视“客户旅程”，谁就能发现数据中隐藏的秘密，这些秘密他和他的竞争对手之前都不曾想到过。试想，如果一家大型食品供应商去关注小型餐饮企业的App数据信息，会发现什么？这些在实际经营中又意味着什么呢？

每人一个苹果账户！

在所有的多渠道研究中，我们关注的问题都差不多。客户在各种各样的“触点”开启自己的“客户旅程”，此时，去识别客户需求并不是一件简单的事情。针对不同的需求去配置合适的产品就更加困难了。

智能数据冠军企业采取以下四步措施来应对上述挑战，这四步在一段时期内可同步实现：

1. 它们努力在尽可能多的“触点”明确识别出尽可能多的客户。为此，它们会利用每个“触点”产生的每一次机会，并且投入大量激励措施。这样做的原因是，它们意识到了每一个（潜在）客户姓名和地址信息的价值。在这方面一个值得效仿的例子是Apple ID（苹果账户）。苹果公司通过采用Apple ID（又一次）成功解决了客户识别的问题。Apple ID就是每一个客户都拥有一个独有的ID号码，这个号码在使用苹果公司的全部设备和服务时均有效。在尽可能多的“触点”识别尽可能多的客户，这一行为的整体价值大于每次客户识别的个别价值叠加之和。在此基础上，我们可以开展第二步。

2. 企业需要系统性地理解在每一个“触点”上与客户的互动，包括线上和线下渠道。为此，企业需要利用全部现有的机会，去量化衡量或者询问了解每一个“触点”上的客户需求。有时也可以利用匿名数据。在第二步明确识别出越多的客户，那么第三步就会越轻松。

3. 哪些客户群体，将以怎样的概率去选择哪一渠道来完成“客户旅程”？如果想要回答这个问题，我们需要掌握这个企业的全部客户分类信息（希望是智能化的数据），并将这些信息与第二步获得的信息进行对比。通过对比我们会发现，例如，在“触点”B上，客户群体A明显需要更多的咨询服务，一个客户群体B中的客户，如果你给他一个95折的优惠，就很有可能促成购买。这样做十分有助于直观展示最重要的客户群体的“客户旅程”，对第四步的实施也大有助益。此时，我们是把关注点落在了最重要的客户群体上。就像在本书第二部分提及的一样，大数据狂热分子有些过于草率地给公众留下了一种印象，那就是数据无所不能，可以赋予市场营销者一种能力：在单一客户层面，实现“客户旅程”变得模式化、可操纵化。实际上，对绝大部分企业来讲，这一设想还都将长期停留在理论探讨层面。在实践中，智能数据冠军企业更多地会将注意力集中在最有价值的客户群体上，关注对这些客户起作用的措施。

4. 基于通过前三步获得的认知，营销团队就可以推导出对特定客户群体适用的加速器和连接器了。数据基础越完善，客户就越愿意在“客户旅程”的下一阶段有所参与。在每一项措施的具体实施方案中，会明确效果衡量标准。根据特定的衡量标准，没有达到预期效果的措施将会被叫停或者调整。

把市场营销措施应用于实践时，最重要的是必须让客户感觉到，这种营销是令人愉快且友好的，让客户感受到企业是在设身处地地为他考虑，想为他多提供一种选择。这个很容易理解。要让市场营销从生拉硬拽向主动吸引顾客的方向转化。如果让三个市场营销人员（或者市场营销顾问）坐在一起，估计不出 10 分钟，他们就会讲到这句话。当我们试图差别化地引导特定客户群体的客户旅程时，空洞的营销话术往往会引起反感。在 21 世纪市场饱和的情况下，恐怕没有客户希望感觉到自己的购买行为是受到外界操纵的。客户期待的是多元化的信息和咨询，需要有掌控感，需要顺畅的购物体验以及卓越的售后服务。一旦一个挑剔的客户感受到，一家企业正在对他采取蓄谋已久的强推式营销，有可能他在“客户旅程”的其他阶段也或多或少地有所感受，那么此时，他就会反应敏感。

在一个沟通和销售渠道都日趋多元化的世界中，好的市场营销是，能够站在客户的角度，为其提供便捷舒适的后续服务。

由此我们得出，在“弹球机”市场时代，我们只有通过利用加速器和连接器使“客户旅程”变得更有吸引力，才能掌握市场。在任何情况下，都不能让客户有被操控的感觉，这就好比是售货员坐在驾驶员位置，而乘客坐在副驾位置，甚至是被放在婴儿座椅里，毫无自主权可言。

> 在一个沟通和销售渠道都日趋多元化的世界中，好的市场营销是，能够站在客户的角度，为其提供便捷舒适的后续服务。

基于与客户接触的实践，将吸引力理论系统化，可使其从“要让市场营销从生拉硬拽向主动吸引顾客方向转化”这句空洞的话转化为实用的行动指南。对大众来说，这句空洞的话说起来容易，忘

欢迎来到多渠道
战略全景图
服务定位器
高速公路
网站
订阅高速
公路
交易商
服务定位
器大街
电子邮件路
卸货点
订阅终端
大街
时尚潮店

移动销售
体验中心
二维码路
品牌商店
系统开发指南
订阅高速公路
生产商
客户呼叫
高速公路
指挥中心（热线）
信息电话
大道
客户手册
查询隧道
客户关系管理
系统或IT系统

得也快。但是如果落实到每一次的客户接触中，就会突然变得很容易理解，可帮助我们提出具体的营销措施，大家也会明白，在实践中，针对不同的客户群体，到底怎样才是具有吸引力的。例如，在实际业务中，很多高级汽车生产商都会致力于为购车客户提供从产品咨询到售后服务在内的全流程的愉悦的购车体验。

客户旅程中的渠道断点

注意！讽刺来了！如果汽车设计师和工程师能够研发出好汽车，并且能够保证汽车的质量，那么理论上，这款汽车根本不愁没有销路。市场营销和企业运营人员充其量也就是负责尽可能扩大销售。那么该如何对待客户呢？现下的情况是，卖场里的汽车销售人员都是先确定客户确有购买意愿，然后才会开始与客户攀谈，提供咨询服务。

当然，这种行为在大型高级汽车商那里并不多见。但是毫不夸张地说，如果能够做到以客户为中心，确实可以在很大程度上推动汽车生产行业的发展。汽车行业内部分工高度细化，随之而来的“筒仓效应”也很明显，在这样的行业中，坚持以客户为中心是很有必要的，但实践起来也不容易。

我们在各种项目中，对高级汽车生产和贸易行业的变革开展了研究。一项针对“客户旅程”现状的研究显示，我们在方便客户选购方面，付出的努力实在是太少了。具体来看，一般的潜在消费者往往需要经历如下辛苦的购物旅程：

首先，他通过传统的宣传渠道、与同事聊天或者看汽车杂志上的广告，对某一款汽车产生了购买兴趣。此时，大部分的潜在消费者会选择在线浏览、了解这辆车的信息。还有一些潜在消费者会使用在线配置器，看一下这辆车的外观等情况。就在这时，第一个“断点”就产生了。从汽车生产商的角度出发，肯定是希望潜在客户能够亲自到销售网点去看一下。然而这对客户来说，意味着要长距离驱车到郊区去。接下来，如果客户去了销售网点，且在网点遇到了资深且负责的销售顾问，那么对客户来说还算是小有进展。但是，如果他碰到了一位不专业的顾问，且这个销售网点还无法获取他前期在配置器中的相关搜索数据信息，那么客户就得从头再讲一遍，他到底对哪种车型感兴趣，以及他需要哪些配置。大多数情况下，这个客户可以当场或者在若干天后，进行一次试驾，但是试驾车的配置跟他需要的配置之间多少会有些偏差。然后，这次实体店“旅程”就结束了，这位潜在客户驱车回家（幸运的话可以带回一些产品折页），继续在网上查询相关数据。

如果这个客户对这款车型特别感兴趣的话，一段时间之后，他会致电经销商询问一些细节，约定签订合同的时间，最终买走这辆车。然后，销售员就可以赚取佣金了。在这种理想的情况下，到这个阶段才开始提及售后维修服务事宜。经销商会保留这个客户的信息，生产商是接触不到这些信息的。

通过采用哪些加速器和连接器可以使“客户旅程“更加轻松呢？

1. 将对客户的在线服务延伸至个性化咨询阶段。当一位顾客面对在线配置器中的各种配置方案犹豫不决时，他可以直接选择与一位训练有素的咨询人员在线视频交流，或者能够在线约定一个具体的咨询时间，通过电话与购车顾问交流。如果在线配置器可以基于智能分类当场为购车者提供理想车型及配置建议，这也是可以的。购车顾问可以在视频或者电话交流过程中告知客户，在附近的哪些网点可以试驾理想车型，还可以建议可选择的试驾时间，比如下周六，正好那时要试驾的车型无人预约。

2. 客户可以自由存储在线配置器的配置结果。为此，客户必须要在系统中输入简要的客户信息，进而获得一个客户编号。这个流程并不难，另外还可以让客户知道，这个编号由客户独有，专供其在购车过程中使用。客户可以在销售网点通过智能手机或电脑快速调阅配置器中存储的配置信息。从生产商或者经销商角度来说，在线网站演变成了一个“客户引导中心”。

3. 加强品牌宣传的物理覆盖度，在市中心的商店里，或是在时尚潮店里，总之，是在客户所到之处。在这些与客户能够产生接触的地方，有可能摆放实物汽车的可能性有限，那么可以通过让客户体验可视化设备，来给客户留下深刻印象，进而与客户约定汽车试驾。当我们发现客户确实对某款车型很感兴趣，或者已经是老客户，我们还可以将服务延伸至客户家门口，购车顾问可以直接将试驾车辆开到客户家。在试驾过后，购车顾问会将此款汽车的信息妥善归类，并维护到该客户信息档案中，形成所谓的产品库。

4. 销售人员可以在客户关系管理系统中借助图表清晰地看出，客户在哪些“触点”需要咨询服务。客户关系管理系统会提示销售人员，需要在哪个时间点去跟进哪类客户群体的咨询需求。比如，针对住在高档社区、年龄在 35 岁至 40 岁之间、有孩子及家庭的男性群体，我们最迟在售后两周，就需要与其取得短信联系，询问是否需要进一步的产品咨询服务。

5. 当我们把车配送到客户家门口，或者从客户家中提回车辆的时候，产品咨询人员就可以向客户讲解其可以享受生产商提供的哪些数字化服务，以及这些服务能够为客户带来的好处。客户使用在“客户旅程”前期阶段获得的客户 ID 登录系统，然后便可享受相应的服务。产品销售人员也可以提醒客户关注在售后阶段使用经销商提供的保养维护服务的好处。车联网系统也会定期提示客户使用这些服务。此外，在客户使用这些服务一段时间之后，车联网系统还会为客户推荐一些定制化的服务产品。总之，经销商在售后服务环节投入越大，所获得的附加红利就越多。

6. 客户可以通过网络实现汽车配置选择、汽车订购、在线支付，可以约定整车配送的具体时间。大部分的高级汽车生产商都意识到，它们需要在“触点”之间建立桥梁。例如奥迪，斥巨资在黄金地段设立产品体验店，伦敦的体验店就在伦敦最昂贵的地段上。梅赛德斯–奔驰让客户可以更加简单便利地使用 Mercedes Me 客户端，以此获得对客户的更多了解。针对特定车型的租车业务，梅赛德斯现在已经可以实现全流程线上操作。随着宝马公司 i 系列概念车的问世，宝马公司距离实现“触点”互联的理想愿景又近了一步。在汽车贸易行业，跨越变革障碍的难度是很大的。在汽车行业整体向以客户为中心开展营销变革的第一阶段，我们认识到，“简仓效应”“信息孤岛效应”会阻碍我们走向成功。

我们需要这样一个角色，可以顺应“客户旅程”有效地控制加速器和连接器系统，并组织、促进和确保所需的跨部门协作。对行业内的智能数据冠军企业来说，还面临着一个更大的挑战，这就是我们获得的第二个认识，一个令人欣喜的认识，即客户在购买新车的过程中，参与意愿非常强烈，他们愿意向经销商透露他们的姓名、通信地址、邮件地址和手机号码，还有他们的购买及使用需求，因为他们知道，这样可以有效提高供应商向他们提供产品咨询服务的质量。

在线产品展示厅

针对不同客户群体“客户旅程”的大量研究是有益的。对于汽车生产商来说，研究结论具有很高的参考价值。在汽车销售行业，单个产品的价值很高，而交易笔数相对较少，这就导致单一客户的客户价值贡献很高，市场营销投入比较容易统计。我们回顾一下最初对多渠道战略的探讨和思考，回顾一下零售贸易领域固定网点贸易商和纯在线贸易商之间的竞争（它们现今都已经发展成为多渠道供应商了），那时候的营销投入恐怕就不容易统计了。

“客户旅程”朝着与以往不同的方向演进，固定网点贸易商越来越多地从一种交易行为中获利，即客户先在网络上了解产品信息，然后再到实体商店中实现购买。

为了给食品、羊绒衫和洗碗机的多渠道贸易未来的营销策略提供更好的决策基础，2013 年，我们与奥托集团、购物中心运营商ECE合作，对大约42 000名消费者进行了访问，了解他们在什么地方、以怎样的方式、买了什么东西以及为什么购买。其中，有2 000人把一个月的消费明细逐笔记录了下来。我们作为消费行为研究人员，与7组共51个消费者进行了详细的沟通，了解他们的线上、线下购买动机。在此基础上，我们形成了名为“客户追踪”的研究报告，其中揭示了很多有价值、相对客观的认识。

对要发展数据发展战略规划的固定网点贸易商来说，最重要的三点研究结论是：

1. 现阶段，“客户旅程”朝着与以往不同的方向演进，固定网点贸易商越来越多地从一种交易行为中获利，即客户先在网络上了解产品信息，然后再到实体商店中实现购买。也就是说，我们过度高估了所谓“展示厅现象”的效应。尽管研究数据显示，确实有1/5左右的交易量是通过客户在实体店中了解产品信息，而后在网上以更优惠的价格购买商品实现的，但是，在线了解产品信息，然后去实体商店购买商品，这种购买行为产生的交易额已经占到德国贸易总额的1/7左右。一些在线贸易商建立了线下实体网点，以此来实现展示商品和提供咨询服务的目的，而固定网点贸易商则通过提供在线数字化信息咨询服务来促进销售。两种模式相比较，后者实现的销售额是前者的12倍。

2. 我们考察了线上和线下客户的相似性后发现，对于销售额贡献度最高的那部分目标客户来说，商品的价格并不是最重要的购买影响因素。他们更看重的是能够亲手摸到商品，获得面对面的咨询，在付完钱后能马上拿走现货。他们看重购物乐趣和购物带来的仪式感。当固定网点贸易商在数据的辅助下意识到有这部分人（在研究报告中，称这部分人为“富有的购物狂”“传统资深买手”“主流线下消费者”）的存在，能够更好地理解他们的需求，并为他们提供服务，那么在未来将是大有可为的，因为这部分线下消费者贡献了超过 2/3 的销售额。焦点小组分析结果显示，这部分人在线下购物时，其实清楚地知道通过线上购物有可能会省钱。

3. 此外，研究结果还表明，不同的客户群体对多渠道产品的态度差异很大。对固定网点贸易商来说，知道哪个客户群体在哪种环境下更倾向于选择哪种购物渠道，这是很有必要的。在这个框架下研发适合的产品，这是“客户旅程”研究的下一个发展方向，可以使旅程更加舒适便捷，更有效率。当某客户群体中的一个客户需要购买某种特定商品时，如果他的首要目标是省钱，那么就需要注意线上线下渠道的良好配合。此处一个很好的例子是美地亚的提货商店，客户可以在线选购商品并结算，然后再去提货点拿货。提货的时候甚至连车都不用下，一个售货员会帮助客户把商品装进后备厢。我们也进行过与之正相反的尝试。不来梅附近的专业市场 Dodenhof 会定期为 VIP 客户组织高端商品展卖会，就像时尚秀一样。销售商会在两天之后将客户所购商品通过包裹邮寄给客户。很多 VIP 客户都选择这项邮寄服务，即便他们是开车来的，能够直接带走商品。

两年后的今天，线上和线下渠道仍然是有分别的。在消费电子产品领域，只要能够在线搜索到喜欢的品牌的信息，基本上 90%

的客户都会在去实体店前在线了解产品信息。在线上浏览过程中，如果其他品牌能够很快响应客户需求，并且用适当的营销手段招揽客户，那么客户就可能转而购买其他品牌的商品了。

特殊案例：多渠道银行

现在谁还会为了汇款而特意去银行？事实是，恰恰就有这样的人！2014 年年末，罗兰贝格管理咨询公司和 VISA 联手对未来私人银行进行的一项研究表明，有 62% 的德国人和瑞士人认为，银行网点的位置是他们选择主结算银行时考虑的重要因素。目前，就如同对未来银行发展的讨论所揭示的那样，一方面，客户越来越多地使用银行的电子渠道，另一方面，客户还没有办法彻底抛弃银行实体网点。这项研究的目的就是要去探究客户的真实需求。

在传统银行和储蓄所向智能化和渠道融合化变革的过程中，多渠道化发展的速度比我们想象的要慢，之前我们认为需要警惕发展过快。多渠道化的发展现状是，一方面，核心客户群体基于以往在银行办理业务的经验，表现得相对保守，但同时他们对使用数字渠道又抱以开放态度。

此外，研究还显示，时至今日客户也很少出现串渠道的情况。如果出现了，那大多也是从线上切换到线下。这也就是说，客户对银行产品的兴趣大多是通过在线浏览被激发的。但是，越是面对复杂的产品，客户越需要寻求在网点面对面的咨询。我们经常质疑银行咨询的专业独立性和咨询质量，所以对这一点可能会觉得有些惊讶。但是当我们仔细考虑后，我们会发现，银行在物理网点方面继续追加投资是有利可图的，尤其是在我们适当改变物理网点功能定位的情况下。

罗兰贝格管理咨询公司和VISA的研究向银行发出了明确的信号：客户是需要物理网点的。客户需要的网点形态，更像是苹果连锁店和星巴克咖啡的混合体，而不是像间办公室。

然而，从我们的角度来看，这份研究最值得兴奋的地方在于，它是从一个完全不同的层面——信任层面分析问题的。前几年，金融危机和各种咨询丑闻险些使银行业的生意受损，但是银行却一如既往地保持着较好的声誉，这与谨慎地使用数据是分不开的，这有助于促进银行在创新发展移动银行方面取得突破。

发展移动银行，首先是在技术层面，即谁能够提供更安全可靠的在线结算。这对银行来说蕴藏着极大的商机。客户知道，银行知晓他们的所有信息。忽略一些以往的小丑闻不谈，在整体上看，银行并没有滥用这些客户信息。正是基于这种对银行信息保密工作的信任，银行才能够实现多渠道化，其中包括自营渠道，以及与其他供应商合作的渠道。

SMART
DATA

第四部分

企业的智能化之路

SMART DATA

第 9 章
能够接受错误才是正确的经营态度

弹道式思维

“大部分人在考虑问题和行动时，都具有弹道式思维。”这句话出自 1989 年出版的畅销书《失败的逻辑》，作者是来自班贝格市的心理学家迪特里希·德尔纳。也同样是在这一年，欧洲核子研究组织的工程师蒂姆·伯纳斯–李搭建了一套信息网络，通过采用超文本技术，全世界的科学家在这套网络上可以实现信息共享。这套网络之后被命名为万维网。德尔纳本身是一名技术人员。20 世纪 90 年代中期，当伯纳斯–李的万维网获得广泛推广应用时，德尔纳因

营销加农炮

其对人工智能的研究而备受瞩目，他希望能够创造有感知能力的机器人。虽然最终德尔纳的项目“人工情感”失败了，但是他的“失败的逻辑”却具有现实意义，它关乎一个核心问题，就是我们如何面对错误。

德尔纳所谓的“弹道式思维和行动”意指决策和实践的过程就像是在发射加农炮。评估、讨论和初步测算的过程，就像是发射前的瞄准。根据作战情况的不同，瞄准的过程常常是十分繁杂忙碌的。然后就是射击！一旦炮弹发射出去，进入弹道，那就再无法掉头。如果炮弹没有击中目标，那么炮手就会示意射击失败。

在训练炮手时，最重要的训练目标就是尽可能降低射击失败率，全部命中是最理想的情况。敌方也是遵循这个逻辑的。在装备水平差异不大的情况下，射击失败率越低，获得胜利的可能性就越大。这种军事化的行为方式所带来附带损害，直至今日也是很大的。在批量大生产繁荣的时代，甚至直至20世纪下半叶，这种发射加农炮似的经营方式确实适用于很多行业的企业。依靠经营管理来瞄准目标，然后就漫天发射炮弹，有时击中目标，有时射击失败。哪家企业管理得好，瞄得准，哪家企业就能够盈利。企业的运行机制大概是这样的：

企业领导负责发现市场商机。工程师在产品试生产过程中投入大量费用后，会研发出新产品。六西格玛和其他的质量管理工具会系统化地、最大限度地降低批量生产中可能发生的错误，并且优化生产过程中的资源投入。市场营销部门对潜在客户实施地毯式的营销。此处我们可以借鉴图劳教授的保龄球理论，加农炮弹就好比教授口中提到的保龄球。产品销售部门向成长性良好的市场中投放产品，市场饱和程度越高，销售部门的销售难度就越大。优秀的企业管理意味着良好地调控整个流程，最终实现用最少的投入获得最大的产出，经营结果最终体现在季末财务损益表中。在上述管理机制中，最常被强调的是效率问题。在现今的企业管理中，按照弹道式思维去考虑问题和行动，反而可能会导致企业经营失败。

用不断尝试打败加农炮理论

数字化时代的创业文化给了加农炮式经营方式猛烈的一击。创业文化秉持的理念是破坏性创新，通过大量、一系列的尝试去寻求突破。对创业者来说，错误不是敌人，而更像是伙伴，他们不是要杜绝错误发生，而是：

通过错误去发现问题，基于问题去寻求解决方案，将解决方案转化为新产品。

> 通过错误去发现问题，基于问题去寻求解决方案，将解决方案转化为新产品。

我们越来越经常地在大企业的管理圈中听到“漂亮地犯错”这句俏皮话，同样被经常提及的还有“新失败文化”。从创业者们公开承认失败到分享失败的经历，这都是失败文化的表现形式。成功的创业者们都认为这是对待错误的一种全新态度。

他们这样认为是必然的，原因至少有三：

☆ 首先，他们自己公司创立的基础就是他人曾犯下的错误。之前建立的公司忽视了什么，还有没有提出改进措施的空间?

☆ 其次，勇于尝试的英雄人物，比如拉里·佩奇、谢尔盖·布林、马克·扎克伯格、彼得·蒂尔或者埃隆·马斯克，在过去的 20 年间向大家示范了如果一个没有既往成功经验负累的初创企业不断尝试下去，将会发生什么。尝试创造智慧。我们会从尝试中获得新认知，这是尝试本身的性质使然。为此，我们必须有衡量的标准和核心评价指标。此外，我们还需要记录下失败的过程情况，这样其他人也可以从中有所体会。

☆ 第三，创业者也清楚地知道，像交易所或者大企业的并购部门这种风险投资人，是瞄准了初创企业的试验性价值，并且看中了作为一套独立自学习系统的企业在寻找全新的问题解决方案方面的能力。

然后呢?

加农炮逻辑很难施展。我们如果想要射击，那首先要知道目标在哪里，可实际上知道的人却不多。

大企业跟初创企业不一样，大企业经营业务，从不胡扯什么破坏性创新。大企业的经理人也不是创业者，他必须避免错误的发生，只有这样他的企业才能够持续经营下去。而创业者就不一样了，他们赌的是毫无保障的明天，赌风险投资人会认同他们的想法。大企业的经理人则认为，通过企业生产流程的运行，将会持续产生财务增值。我们要把两者进行比较吗？当然。

但是，可以确定的是，加农炮逻辑很难施展。我们如果想要射击，那首先要知道目标在哪里，可实际上知道的人却不多。

无计划时代的企业管理

我们很难规划或预测产品和服务的成功，原因有很多。客户需求时刻在变，技术突破层出不穷，在国际化的大背景下，尤其是政策性的限制不好预计。成功的产品马上就会被复制，产品生产流程逐渐趋同，市场竞争环境日新月异，在地球的另一端，随时都可能崛起一个竞争对手，即便就在昨天，这家公司的名字可能还无人知晓。消费者的决定权达到史无前例的水平，不是由企业，更不是由企业的经理人来决定该生产何种商品或提供何种服务，而是由消费者来决定。也是在这种环境下，存在着发射加农炮似的管理方式与另一种管理方式之间的关联，这种管理方式就是智能地应对失败和智能化地应对客户数据。

> 企业并不知道客户想要什么。它们只能建立假设，然后再试生产一些产品，看是否能够满足客户的需求。

从对失败项目的分析中我们了解到，只有在决策层和部门主管的管理理念有所转变的情况下，通过这种试验方法来增进客户了解才可能成功。我们在管理咨询相关书籍中经常会读到这种理念，但是却没有真正用于企业日常经营。我们称这种不那么激进但与时俱进的管理理念为“后理论管理”。

管理具有很重要的作用。因为从本质上讲，管理是将其他的人吸引到价值链上来的一个过程，这个价值链最终会产生收益。针对这些收益如何分配，公平分配的原则是怎样的，这些争论从未停止过。在今后，说不定我们也会出版一本书来讨论这个问题。出于这方面的考虑，我们其实也很关注一个问题，就是现今我们到底需要一种怎样的管理和领导理念。关注一下管理实践的现状可能对回答这个问题有一定帮助。

企业并不知道客户想要什么。它们只能建立假设，然后再试生产一些产品，看是否能够满足客户的需求。

在管理类畅销书《管理的终结》中，作者提到了现今管理文化中一个有趣的矛盾现象。尽管企业高官们一再向员工们强调创新性发展的重要性，但是在企业管理方面，高管们还在采用诞生于20世纪上半叶的管理方法。唯一有点儿区别的可能是，企业内部的等级制度略有弱化，在管理过程中管理人员能够采用更多的管理技巧，但是从本质上来说，管理的方式方法并没有改变，依旧还是“分配资源、确定预算、管理权力分配、奖励员工以及最终决策”这一套。以上虽然是简略叙述，但是仍涉及了管理方式随时间的变迁情况。

在东非的热带稀树草原，当人类刚从树上生活转为地面活动时，层级化的管理就已经存在了。中世纪，埃及人、罗马人和采邑主都通过凶残的等级化管理来巩固他们的权力。到富格尔家族时期，已经懂得了使用复式记账法。19 世纪产生了条线管理概念，拿破仑将这种新型管理形式应用到军事方面，克劳塞维茨少将将这种管理模式引进到普鲁士。20 世纪上半叶是管理学大发展时期，学术成果丰硕。直至今日，福特主义仍然对我们如何规范流程、如何实现规模经济有决定性影响。流程成本分析是 20 世纪 20 年代的一项研究成果。20 世纪 30 年代后期，提出了品牌管理的理论基础。20 世纪 60 年代，丰田公司提出“kaizen”（持续改善）管理法——即将每一位员工的才能与想法都系统性地结合起来，可以说是管理学方面最后一项根本性创新。从此之后，我们看到的只是对原有理论的延伸或者对理论有效性的重塑。1955 年大型企业的组织构架看起来跟今天的已经所差无几。只不过在多轮降低企业成本的浪潮过后，现在大部分企业的员工人数可能更少了一些，或者有一部分工作可以通过“共享服务中心”在罗马尼亚或者印度完成。然而，虽然企业已经完成了多项流程优化，并增添了电子辅助设备，但它们还是遇到了发展瓶颈，因为它们能够取得的资源越来越少。其中有一些企业中途就放弃了，因为它们面对的市场竞争对手可能没有受到传统企业构架的负累，竞争力更强。

企业管理必须要实现内化，单就企业作为一个组织来说，本身是无法激发员工的内在工作热情的。

对现实情况的清晰认识是获得与时俱进的管理理念的前提基础。现实的情况是，企业的管理方式亟待调整。只是人力部门不断地宣扬优化企业管理构架，强调员工们需要在价值层面加强竞争以激发内在动力，这些是远远不够的。企业管理必须要实现内化，单就企业作为

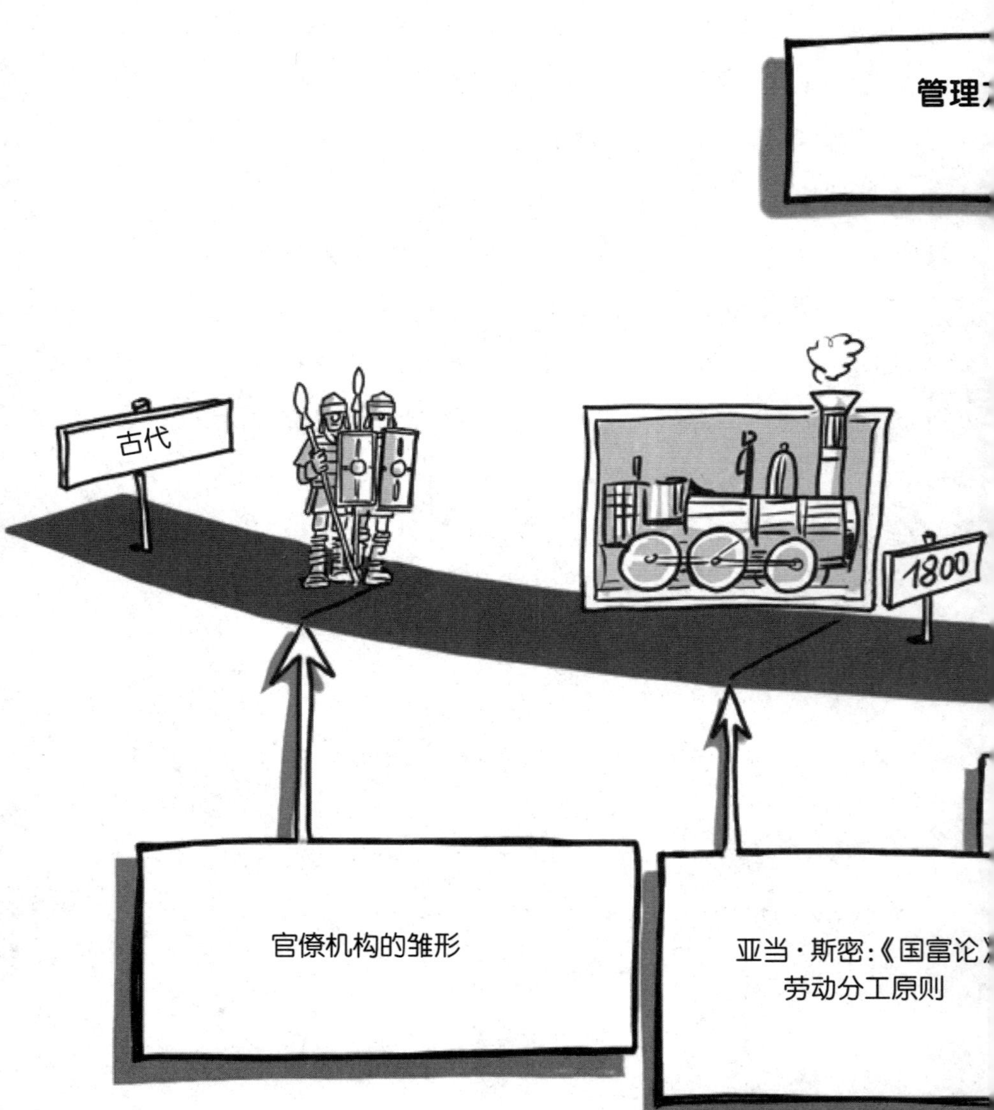
管理
古代
1800
官僚机构的雏形
亚当·斯密:《国富论
劳动分工原则

变迁

1900
20er
30er
60er
1995
WWW
克思：
论》
流程成本分析
市场营销学初具
雏形
福特主义：通过规模经
济实现量产
数字革命

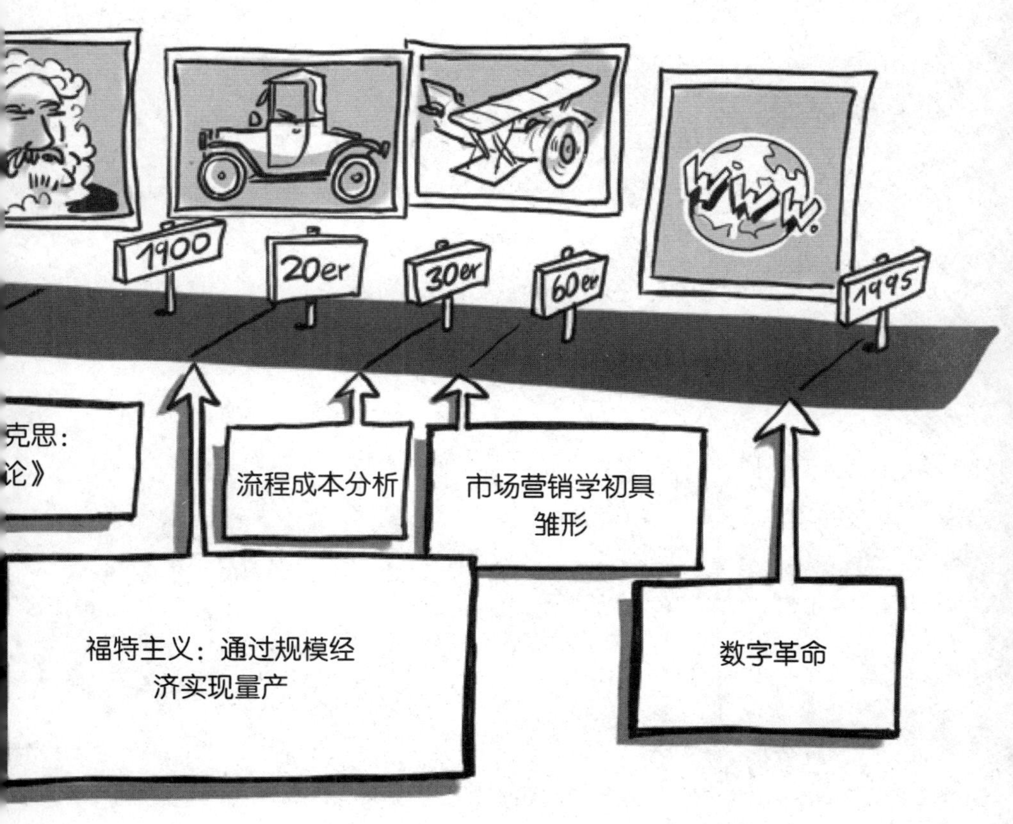

一个组织来说，本身是无法激发员工的内在工作热情的，然而与时俱进的企业管理却可以为员工的工作创造必要条件，在这种条件环境下，员工们不会因工作强度高而感到挫败，也不会暗自抱怨工作缺乏自由发挥的空间，他们反而会在事务性工作上、在项目上以及公司实务上倾注极高的热情。当员工们感觉到他们的工作有成效、有意义并且获得了尊重，他们才会努力地工作。从“Y一代”[①]就业不足的现象可以看出，已经实行了70多年的薪酬体系逐渐失效，主要原因就是薪酬只是外部激励手段。

以上论述具体来看是在探讨什么呢？

在智能化的企业中，与时俱进的管理理念主要包括以下五个方面：

1. 与时俱进的管理理念摒弃了原来凡事追求完美的固有思维，不要求万事都必须100%按照原计划执行，不再强求结果与计划目标一致，不再认为“非黑即白”。一个与时俱进的管理者可以接受目标模糊和不确定性，因为他已经意识到，根本就没有什么完全对或者完全错的方式，只能是说相对好一些或者相对差一些。没人非常清楚地知道具体要怎么样才能实现优化，所以我们只能对模糊和不确定性保持宽容态度。

2. 与时俱进的管理认同团队成员的工作能力，在管理方面不会采取“微操作”。在一个结果开放的工作流程中，团队成员之间更像是互相学习的伙伴，管理人员是工作的组织者或调节者，目的是

① 指20世纪80年代和90年代出生的人。——编者注

为了寻找更优方案或者寻求更好的尝试，以期为客户带来益处，与此同时，客户价值也自然会得到提升。通过尝试可以降低不确定性，并为今后的发展指引方向。

> 在一个智能化的体系中，结果开放和以结果为导向并不是对立的，而是同一个事情的两个方面。

3. 与时俱进的管理者知晓，在一个智能化的体系中，结果开放和以结果为导向并不是对立的，而是同一个事情的两个方面。在传统的管理理念中，这一点经常引起误解，人们往往把尝试与无计划性混为一谈，认为尝试最终会导致颗粒无收。而事实情况正好相反，尝试可以为更优决策、产品和流程提供依据。在一个快速变幻的时代，高度的计划性终归要逐渐解体。25 年前，随着柏林墙的倒塌，计划经济时代就已经结束了。历史证明，通过计划并不能取得良好的效果。在经历了 5 年前的全球经济危机之后，我们又认识到，中期的经济规划还是有一定意义的。

4. 与时俱进的管理要敢于去提出问题，尤其是技术、统计和数据方面的问题。管理者会认真地思考，他们需要创造哪些条件，以使他们的企业、部门或者团队成为一个能够自学习的有机整体。通过解决这些问题，管理者可以获得评价判断能力，他们可以判断数据科学家进行的哪些尝试适合引入企业的数据化战略，而哪些又不适合。

5. 与时俱进的管理并不崇尚独享，而是乐于分享知识和数据。管理者像他们使用的信息系统一样，对信息持开放态度。伴随着每一次数据共享，数据本身的价值也获得提升。如果我们不愿与他

> 只有当信息参与者都秉持互惠的原则，企业才能够成为一个自学习系统。换句话说，信息（也会以数据形式存在）是唯一的一种资源，越使用价值越高。

人分享数据，那也就谈不上共享了。当信息流在企业内部共享的时候，大家要保持一个坦诚的态度，只有当信息参与者都秉持互惠的原则，企业才能够成为一个自学习系统。换句话说，信息（也会以数据形式存在）是唯一的一种资源，越使用价值越高。如果我们将数据作为企业战略的附庸来看待并使用，那么信息将会减值。

孔子说……

“Der Weg ist das Ziel”①，孔子说的话听起来总是像谜一样。然而在智能数据方面，这句话却正中下怀，通过智能化的尝试，我们可以总结出适宜的企业管理方法。

从宏观上看，第一批智能数据项目是在全面的数字化变革过程中迈出的第一步，大部分行业中的绝大部分企业将且必将经历这一过程。时至今日，掌握数据分析能力是一项竞争优势。随着数字化进程向前推进，智能化数据处理能力将越发转变成一个“保健因素”（双因素理论）。在一个逐步数字化联网的世界中，不具备数据分析能力的企业将会从市场上消失。

① 此为德语原文直译为“道路即是目标”，对应出处尚待核实。——编者注

对于一家大型传统企业来讲，尽管竭尽全力，也不可能在一夜之间就获得与谷歌相匹敌的数据分析竞争力。没有可能的事情，我们也不必再去尝试了。但是这些企业可以发挥它们真正的强项，并且将它们的优势与智能数据相结合。这些企业的管理者可以参考前述孔子关于尝试的哲学逻辑，为企业创造出一些发挥空间，以便“智能”团队可以透过数据更好地了解并接触客户。在一个高度竞争的经济环境下，其他的企业肯定也会这样做。适者生存，现在仍不这样做的企业，在不久的将来也许会失去开始尝试的机会。我们此处提到的“智能”的意思是，要使事情简化，而不是比原来更复杂。

在创新顾问和未来研究人员的帮助下，我们很容易描绘出10~15 年之后的商业模式是怎样的，可以将其细致地用数据展现出来。在大多数行业领域，我们可以相对清晰地预见，3~5 年内数据和数字化是如何改变商业面貌的。一般情况下，市场会受到科技或客户行为方面几个明显趋势的驱动。对于与时俱进的管理来说，顺应这些趋势，并在整体变革中开辟适合自身发展的道路，这是普遍做法。细化到具体的业务上来说，我们要思考：比如，将来客户会优先采用哪种方式来规划自己的旅行。

通过思考这些具体的业务场景，我们会为我们的产品、经营模式和业务格局寻找到新的发展方向。如果想使企业真正成为具有自学习能力、能够自我调整的有机整体，需要从以下 5 个方面着手：

1. 站在客户的角度思考问题，考虑如何能够优化客户体验，在这方面，数据能够帮助我们做些什么?

2. 若想成为数据驱动创新的变革先行者，需要识别出与企业定位适配的发展条件，包括业务领域选择、部门设置、团队建设和人才队伍等。发现企业内部已经存在的发展空间和现有资源，并且想办法切实扩大这种发展空间。

3. 然后我们就可以开始工作了！要从能够产生最大效果的项目开始，在以数据为导向的市场营销项目方面，一般项目都是针对销售额贡献最高的那 10%~20% 客户的。有时候，我们也会选择数据基础最完善的那部分客户进行研究。

4. 学习，分享知识，扩大数据竞争力。

5. 最好忘记“试验项目”这种概念。这个概念源于弹道式思维。搞一个试验项目的目的，是要寻找概念验证。如果最终没有找到，那么项目就会被终止，然后再建立一个新的试验项目。数字化世界中的领先企业把自身看作一个具备自学习功能的系统。这些企业也会搞一些带有“控制组”的小型试验项目，但是这些项目不是独立于真实业务之外的几个小试验，这些小型试验项目加总起来就构成了真实业务本身。又或者，这些企业会开展一些示范性项目，这些项目的经验教训可以为其他项目提供参考。

数据大狂欢

近期，本书的其中两位作者应德国一家知名教育机构邀请，组织一个与大数据和数字化相关的纪念日活动。活动参与者是约 40 位来自集团企业和中型企业的高层管理人员，大部分是男性，年龄介于 30 岁至 40 岁之间。我们将会利用一天的时间讨论数字化革命带来的机遇，将大数据与智能数据概念进行比较，探讨生产流程的优化，以及商业模式的数字化变革。总之，一切内容都与数字化相关。

至少活动计划是这样设计的。可是事实上直到当天下午，我们都还没有进行到关于机遇的讨论环节。每当我们或者某一个受邀嘉宾讲到在经营中强化数据分析的方法和可能性时，总是会有持怀疑论者发表反方面的意见。他们中的一些人会列举自己公司失败的数据项目，其中不乏有人语气还很欢快，庆幸自己并没有参与这些项目，故而仕途也没有受到项目失败的影响。在活动尾声阶段关于数据保护的讨论十分热烈。

当天出席活动的嘉宾中，有一位来自美国一所顶尖高校、颇具名望的市场营销学教授。在大家碰杯庆祝活动结束的时候，他不知所措地摇着头，并向大家发问：“在座各位是否对数据毫无兴趣，还是如何？”

这位教授对参加活动的大部分人感到失望是有原因的。在下午的个人发言阶段，我们都有种感觉，有一些管理者对讨论话题还是很感兴趣的，但是却让持怀疑态度的人抢占了话语权。从自身的好奇心出发，没有人愿意发表过多看法，他们更看重不要说错话。

传统的管理文化是不能容忍错误的，犯了错误要接受惩罚。避免犯错是本能，或者说，至少绝大部分人是这样认为的。

当大家意识到数据分析确实有趣，大家自然就会参与进来，继而我们也就拥有了发挥的空间。

值得庆幸的是，还有一个例外。在为数不多的女性参与者中，有一位女士就职于一家大型机械制造企业，她对工业4.0极为感兴趣。这位女性高管目光炯炯地向大家讲述，当自学习效应首次显现时，数据分析给她带来了多大的乐趣。在企业经营中，当数据分析行为已经实现标准化，人们在寻求数字化竞争力的过程中，数据分析已经成为潜意识行为，这时这家企业才算是掌握了数据分析能力。真正好用的数据分析工具会在部门间流行起来，员工们会主动要求在他们的工作系统中安装数据分析工具，或者使工作系统适应分析工具的运行。

这位女士总结了自己的经历和感触：“当大家意识到数据分析确实有趣，大家自然就会参与进来，继而我们也就拥有了发挥的空间。”我们对她的这番话感同身受。数据分析项目的确能够带来乐趣。当我们认识到这一点，我们就走上了成功的第一步。

第 10 章
使组织更加灵活——选择正确的组织构架、流程和技术

可以自由选择工作岗位吗?

自由选择工作岗位是组织管理咨询顾问近来常提到的一个概念，声破天公司的运营经验就是这方面的一个成功案例。作为全球最大的正版流媒体音乐服务平台，声破天将敏捷的团队组建（例如组建Scrum敏捷开发）、精益经营管理（例如丰田Kanban看板管理）以及体现企业民主元素的自组织等应用于企业组织构架，并取得了令人印象深刻的效果。

声破天的 1 400 多名技术人员自由组成了十多个工作小组。每个小组都对最终产品的一部分负全责，并且他们可以在所辖范围内自主地为产品研发新功能。为了最大限度地提升每个小组的发挥空间，团队都是由跨学科人才组成的。每个小组都要摸索着去工作，就像在一个小型初创企业中一样。小组内不设传统意义上的负责人，而是实行产品经理制。团队内设一个敏捷教练（Agile Coach），确保团队执行原则纪律。每一个团队成员都可能做出决策，只要其他成员认同他的想法即可。

工作内容相同或者相近的小组，比如负责音乐播放器和负责后台设施的小组，又同属于一个大组。根据邓巴数字（亦称 150 定律，即个人能够维持稳定社会关系的理论人数上限值），每一个大组的人数最多不超过 150 人，否则将引起组织混乱。一个大组内的小组会定期开会，交流信息，并达成涉及每个小组的决策。1/10 左右的工作时间将投入到跨小组的项目研究。

此外，各小组的专家也会定期坐下来交流探讨，在企业经营或者某一产品层面，研究课题和工作设想还是要具有一定程度的一致性的，比如在产品测试方面。这些专家除了属于某一小组外，还共同属于公司内部另一个部门。这个部门负责大组间的联动和指导，负责向各大组传导公司的全面信息。最高级别的组织者是系统管理人和总工程师，若小组要对系统进行较大幅度的修改，则需要经过他们的同意。有趣之处在于，拥有领导头衔的组织者享有的主要是建议权，最终的决策还是由小组做出的，因此小组也需要最终对决策的成败负责。

声破天公司的成功证明了上述组织体系是具有合理性的。这家瑞典的初创企业为用户提供了产品使用便利，全球有上千万的用户每月支付大约 10 欧元付费使用。声破天公司优化客户数字化体验的速度之快，令同业竞争者叹为观止。许多来自其他行业领域的初创企业仿照或者直接移植了声破天公司的组织模式。我们对这方面的研究具有极大兴趣，我们将这个看作经营创新的源头，同时也是思想灵感的源泉。

我们都明白，在可预见的时期内，大部分大企业不会采用这种组织体系。这种激进的自组织文化在西门子、大众或者德意志银行这种规模的企业内部也不会掀起波澜。但同时我们也认识到，在多数企业集团内部，现行的组织形式限制了创新思维的发挥空间，生产流程过于僵化，行政管理过于强硬，这导致了很多企业将主要精力耗费在内部，而忽略了市场研究。

在我们的印象中，在这方面，前些年的大数据推动者似乎扮演了一个自相矛盾的角色。他们让人们感觉似乎不用改变企业内部的组织构架和本来流程。而现在，我们已经掌握了最新的技术手段，它昭示了我们必须去做什么——我们要去掌握技术，然后直接把数据扔进分析机器中，等待数据分析的结果。然后我们就可以利用这一结果去优化既存的组织构架和流程，优化中间产品和成品，完善物流、营销、经营和客户服务。

如果没有组织结构的优化和良好的变革管理，大数据就是一纸空谈。

情况有可能比空谈还要糟糕。为什么在过去几年，那么多打着大数据旗号的大项目以失败告终，令很多人失望？这是有原因的，就是我们所谓的数据分析机器还没有真正寻找到智慧之石。在这一点上，智能数据选择了折中的路线。

智能数据的折中路线

要为示范性项目在组织架构和流程上松绑。一座灯塔如果没有电、没有灯就不可能发光。一个项目也是同样的道理，如果没有必要的资源，那么从一开始就注定了失败。

智能数据理论承认大型企业是需要组织构架和流程的，想要在一夜之间改变这点，既不现实也不值得期待。同时，高管层如果想提高企业的数据分析能力，那么他们就需要为数字化项目提供足够的施展空间。在实际操作中，这意味着要为示范性项目在组织架构和流程上松绑。一座灯塔如果没有电、没有灯就不可能发光。一个项目也是同样的道理，如果没有必要的资源，那么从一开始就注定了失败。

企业高管信服并关注这一点的必要性，我们认为再怎样强调都不为过。事实上，企业高管层也有意愿去探索新的道路，只不过结果总是不理想。我们看过很多由高层推动的数字化项目，他们期待项目能够有一个好的结果，但往往被以下情况所耽误：

☆ 一个行动缓慢、人手不足的营销团队，满足于完成基本任务；

☆ 一个主要由“白领”组成的外勤队伍，对集中管理反应过度；

☆ 一个缺乏灵活性的IT部门，负责运营老旧的客户关系管理系统。

专业能力强、工作热情高的项目经理都有过这样的失意经历。但是最终他们往往能够获得全新的认识，由于企业中不同的股东对成本筹划的认知逻辑截然不同，他们很难具有统一的经营目标，此时客户往往被置于边缘地位。认识到这一点后，以后就能做得更好。

数字化变革中的“四步走”

第一步：引入智能数据循环流程，开始进行变革管理

公司董事会或管理层必须建立一个清晰的认识，即通过利用数据分析，我们可以使业务发展得更好。数据分析本身并不是摇钱树，它只是整合了跨部门、复合化的团队，并保障这个团队拥有（本书第二部分提到的）智能数据流程顺利运行的时间和资源，为团队实行数据驱动下的市场营销提供手段。高管层中至少有一位成员需要参与到团队中，或者说，必须要有一位高管加入团队。

在智能数据团队中大家都清楚，在数字化变革过程中，团队中是否有一个良好的变革管理，会影响团队中关键成员迈出变革的第一步。一些企业的内部具备变革的良好条件。在促进变革措施落地

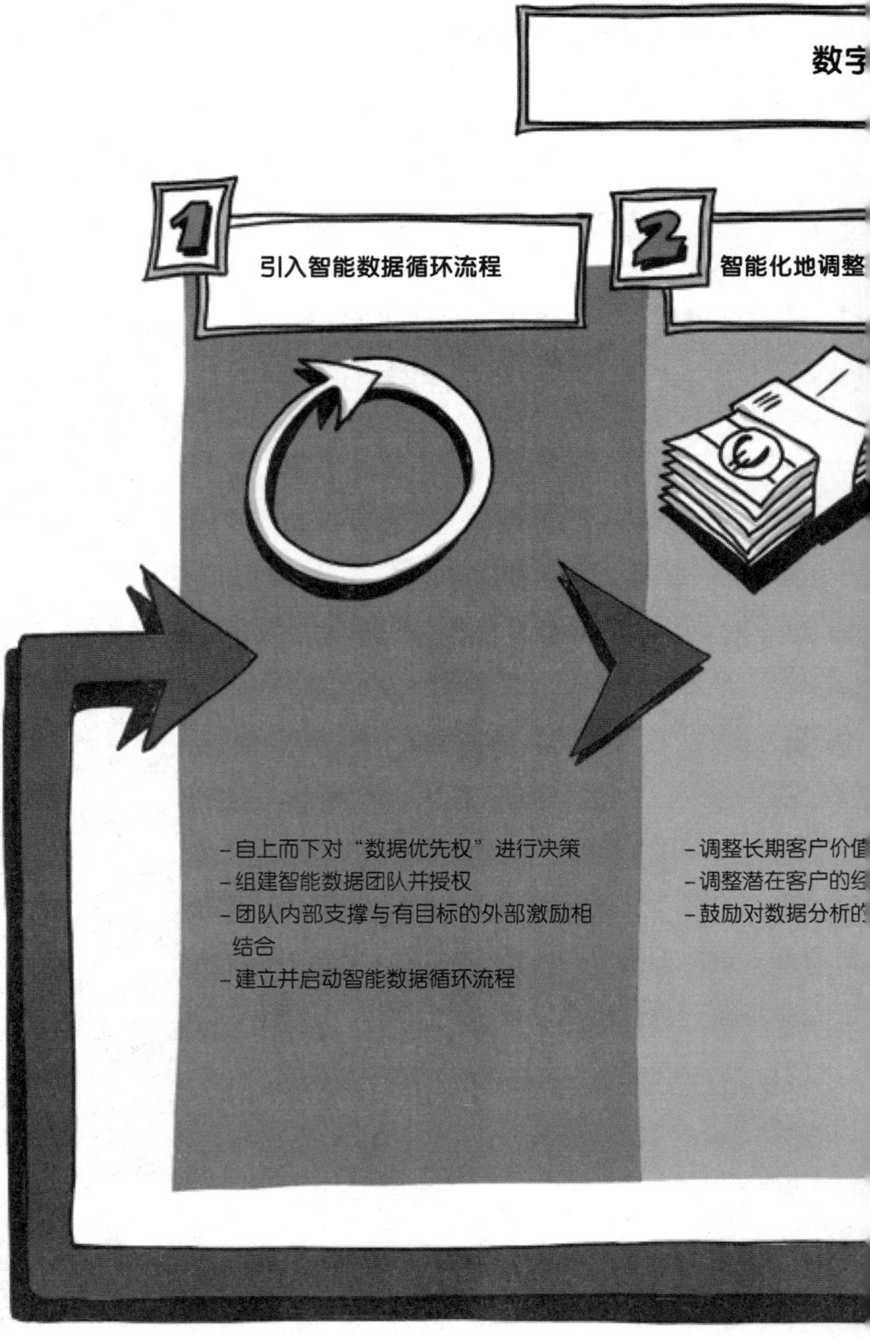

数字

1 引入智能数据循环流程

- 自上而下对“数据优先权”进行决策
- 组建智能数据团队并授权
- 团队内部支撑与有目标的外部激励相结合
- 建立并启动智能数据循环流程

2 智能化地调整

- 调整长期客户价值
- 调整潜在客户的纟
- 鼓励对数据分析的

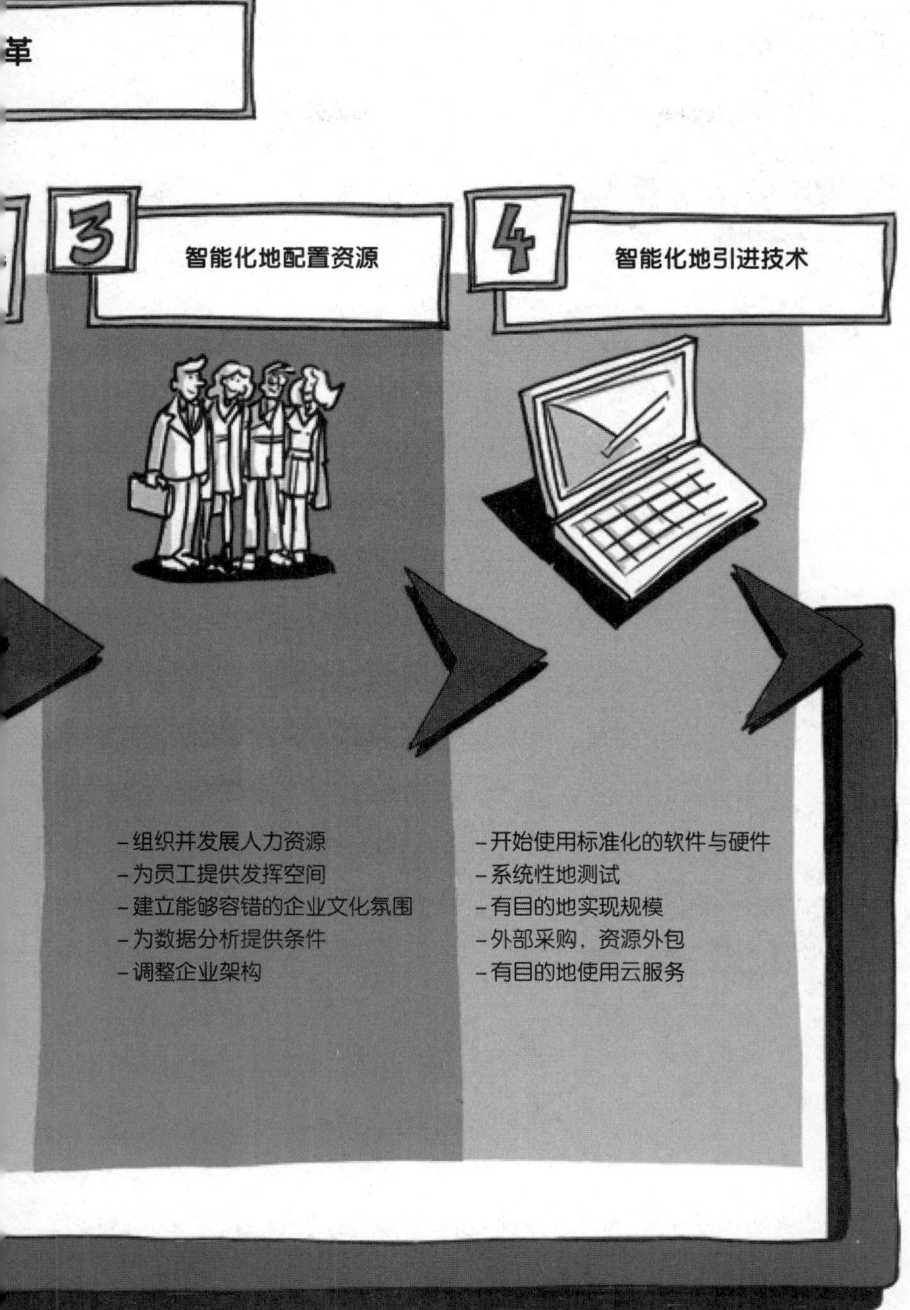
革
3
智能化地配置资源
4
智能化地引进技术
–组织并发展人力资源
–为员工提供发挥空间
–建立能够容错的企业文化氛围
–为数据分析提供条件
–调整企业架构
–开始使用标准化的软件与硬件
–系统性地测试
–有目的地实现规模
–外部采购，资源外包
–有目的地使用云服务

我们必须通过变革管理提前统一股东们的认识，尤其是对持怀疑态度的股东，不仅仅只是告知他们，而是要为进行试验流程奠定一个统一的思想基础。

时，外部因素也很重要。简而言之就是，我们必须通过变革管理提前统一股东们的认识，尤其是对持怀疑态度的股东，不仅仅只是告知他们，而是要为进行试验流程奠定一个统一的思想基础。

第二步：调整激励方案，以客户为中心

智能数据之路的最终目标是实现以客户为中心。我们只有在激励方案中将客户置于核心位置，才能够在智能数据之路上取得进展。

我们可以想象一下，在一个更加完善的市场和运营环境中，再没有佣金或者手续费的概念，而只有固定薪资概念。一名员工会尽自己所能地为客户提供咨询，因为他知晓这样做会提高客户的长效价值贡献，有利于企业的长期经营，而他自己也会从企业的长远发展中获利。

在一套自学习系统真正显现其效果前，它其实需要逾越很多人性障碍。

让我们从想象中回过神来。企业的激励方案应该着眼于客户长效价值的提高，而不是像现在一样关注短期营业额。一个员工如果能够提高客户的口袋份额，或者营销了售后服务产品，那么他就应该获得奖励。如果有哪位员工还是满足于向存量客户出售基础产品或耗材，那么对不起，他将无法获得额外奖励。

换句话说，我们需要检验结果，这也符合数据驱动下的企业管理的内部逻辑。

原则上，激励方案的设计，需要鼓励在数据分析方面的投入。有些人会质疑这样做的必要性。当数据分析切实为企业带来了增效，企业管理人员就会注意到，并且自然就会使用数据分析系统。从理论上看，这样说是有道理的，长期以来我们也是这样希望的。我们通过其后很多智能数据项目了解到，在一套自学习系统真正显现其效果前，它其实需要逾越很多人性障碍。正如所描述的那样，所谓智能数据流程，就是有规律性、有意识地去探寻新的事物，这些事物可能经过三次优化之后才会优于既存事物。想要获得机器的辅助，意味着要锲而不舍地探索，也意味着每一个员工必须放弃一部分的对机器的自由选择权。

在情感层面上对此有抵制情绪是人性使然，只有通过坦诚有效的沟通才能解开心结。否则，对数据分析的抵制情绪最终会导致哪怕是最有希望的数据项目以失败告终，而此时，项目创造增值的效果还未得以显现。

第三步：智能化地配置资源，培养人才

在本章的开头我们就谈过，自愿选择工作岗位这种方式对绝大多数大企业来说都不现实。但这也不能一概而论，团队组建与企业普遍的组织架构相冲突的情况也是可能存在的。

在智能数据企业中，智能化地配置资源首先意味着要为试验提供条件。员工们自由选择加入复合化的项目组，是为了在数据科学家的帮助下掌握更多数据分析能力。组员由各年龄段的人组成，他们想弄清楚，如何独立设计控制组试验，如何预测建模，以及接下

来如何规范分析，这些对他们的工作领域来说都很有意义。组员们需要榜样和自由发挥的空间。在美国公司里，这个自由空间被称为“沙箱”，在这个空间范围内，市场营销人员完全可以接触到企业的全部数据库。在理想的情况下，组员们还可以设想并施行更大规模的市场营销方案，而不用提前请示任何人，只要这个方案不与这家企业的基本理念相悖即可，就像声破天公司那样。

在这方面，我们也经常会听到反对的声音。比如，即便我们这样做了，得到的也只不过是一些彼此毫无关联的市场营销方案，我们也不知道这些方案将给我们带来什么，会不会产生恶性效果。实际上，如果没有一个大的方向，那这确实是危险的。这就是说，数据化创新必须要有一个具有可比性的衡量标准，这个标准是基于相同的客户理解及客户分类的。对每一个创新流程来说，这都是指导性原则。基于特定的分析思维逻辑，以衡量标准为前提，创新行为才会具备可比性和互补性。在创新的可比性和互补性方面，也需要有竞争，这样，项目才能越来越智能化地迭代。竞争的结果非常符合“二八法则”，我们曾检验了 100 种市场营销方案，根据之前定义的评价标准，其中 8 个特别成功，12 个很成功，剩余的 80 个方案被中止，因此我们就没有继续追踪。

数据化创新必须要有一个具有可比性的衡量标准，这个标准是基于相同的客户理解及客户分类的。

总结一下就是，在每一个智能数据项目中，我们都要寻求一种平衡。既要让员工有足够的空间去进行智能化的数据试验，同时也要坚持指导性原则，确保每一次尝试都是遵循一个统一的框架，围绕统一的目标开展的，并且，从每一个方案中获得的经验教训可以为接下来的项目提供借鉴。

第四步：智能化地引进技术

如果我们想有朝一日能够捉住浩瀚数据海洋里的“抹香鲸”，那么我们需要引进分布式文件系统海杜普。高性能集群计算系统HPCC和Quantcast文件系统为我们提供了平台，完成对海量数据的分析。以开放源代码为基础的解决方案提高了对MapReduce编程的需求，我们同时还要掌握R、Python、Hive和Pig语言。在简化系统界面编辑工作方面，Cloudera和Hortonworks公司提供了商业化的选择方案。但是，如果是大一些的实时应用，我们还是推荐直接选用内存数据库，比如SAP HANA。SAP HANA配置了高功率的多核体系结构，因此可以快速反馈查询结果。我们需要系统性地对HANA分析框架下的机器学习因素进行优化，这一点尤其重要。对可视化分析和人工智能的自然语言处理也一样，否则就无法完成社交网络分析。如果在系统复杂性或者数据通过性方面出现问题，那么可以考虑使用MIKE2.0 解决方案。所有的成本支出都是透明化的，尤其是在使用云服务的时候，能够实现随收随付即付且无前端费，pay by the drink（按用量付费）！

停！刚才是开了一个玩笑。如果你对上一段似懂非懂，那么请你深吸一口气。

在没有技术支撑的情况下进行数据分析，就像是游泳时没有水一样。每一项大数据技术都有其存在的价值，能够在合适的情况下正确地应用这些技术，可以使在10年前还如科幻小说般的市场营销幻想变为现实。但是这些技术也存在一些问题，当数据科学家们尝试独自埋头研发这些技术时，成本支出可能会得不到有效控制，就像世界顶级建筑师建设柏林勃兰登堡国际机场时发生的情况一样。

对智能数据冠军企业而言，什么才是合适的技术？这个问题不是某一个应用技术、一个编程方法、一个电子产品能够回答的。我们需要采取正确的行动，促进信息技术真正为我们创造实惠，同时显著降低投资失败的风险。

这样做行不通

有一家企业，刚刚确立了一个复杂的数字化战略。它认为，它的同业竞争者都已经掌握了数据分析能力，它必须用最快的速度赶超。公司的首席营销官已经意识到了客户数据的潜在价值，因此他提倡这种赶超行为。企业的高管层并没有对这个问题进行深入的研究，而是去征求了首席技术官或者技术部门负责人的意见，询问公司如何能够在短时间内成为大数据巨头企业。这种情况下，答案往往是，那我们首先必须要使数字化战略切实落地，然后我们需要丰富我们的大数据应用程序（云服务使这点变得更便捷和经济）。然后，首席营销官和技术官会设法去游说财务部门，为此增加必要的预算。

如果预算到位了，首席技术官就会接手这个项目，首席营销官也会为此感到高兴，从此以后营销人员可以采用技术手段经营目标客户了。首席技术官很快就会构想出企业理想的大数据公共设施，这些设施在技术方面无所不能，并且能够对现有的技术设施提供完美的补充。基于这种理想化的图景，技术团队会制定冗长的任务书，涵盖对未来系统情况的详细描述。当我们把这些梳理清楚，使其具有逻辑和理性后，就着手进行编程。然后我们会询问客户，是否同意我们继续使用他们的客户信息，虽然这时客户根本不知道我们将他们的信息用来做什么。之后，一系列的市场营销和企业管理工具就会问世，我们还会开始对员工进行技术培训。在应用过这些工具后，营销人员会发现，其实这些工具不是特别适合解决他们面临的问题。

这听起来像是一种讽刺吗？我们不禁反问，有多少大型的IT项目是可以在限定的预算内完成的，又有多少能够实现预想的效果？研究表明，只有10%~30%。

技术尤为重要，我们需要依靠技术专家去发掘技术解决方案，一般情况下，技术本身不是问题。

这样做行得通

技术尤为重要，我们需要依靠技术专家去发掘技术解决方案，一般情况下，技术本身不是问题。

让我们回顾一下智能数据循环流程。市场营销和企业运营的任务目标没有改变。我们可以采取五种手段去提升客户价值，即发掘新客户、提升口袋份额、长期客户关系管理、持续推荐和提升市场营销和运营效率。数据和分析只是帮助我们更好地去运用这五种手段。如果一家企业计划增加在信息技术方面的投入，就必须要认识到这一点。

在引进技术时，要遵循五个基本原则：

☆ 要弄清楚我们具体要解决哪些商业问题。我们首先要明确回答这个问题，然后再弄清楚未来的使用者（比如市场营销和运营人员）对技术系统有哪些要求，之后再考虑引进哪项技术。

☆ 管理部门、技术专家和市场营销部门必须合作寻求适宜的解决方案。管理和市场营销部门需要培养一些技术人员，目的是为了更好地针对技术的功能和效用发问。技术专家也需要学会用营销人员能够理解的话术去沟通表达。

☆ 不要固执地寻求最理想的数字化战略。即便是在大数据时代，也不存在所谓最理想的方案，更不要说是在一个技术尚不成熟的时代了。

☆ 当我们还不了解一项技术的时候，就暂时先不要引进，这跟投资股票是一个道理。提供技术解决方案的一方必须要证明这个解决方案如何能够具体地解决我们面临的商业问题，或者已经解决了其他用户提出的需求。换句话说，我们不要引进尚未经过验证的技术。智能数据企业不是科技进步的试验品，而应该是明智的新技术追随者。

☆ 现在存储设备便宜了，云技术得到发展，我们能够从非结构化的数据中获得需要的信息，即便是在这种大环境下，我们在引进一项新技术前，仍需要考虑三个方面的问题：

- 新引进的技术是否能够与现行系统中的数据源兼容？尤其是企业数据库。
- 是不是必须兼容才行？
- 如果不兼容，新技术如何获取数据？

这三个问题的答案决定了新技术是否能够在新环境中创造出预期的增值效果。

迭代增量，小步快跑！

智能化地引进数据分析技术意味着，不断接近敏捷编程方法中的迭代开发逻辑，Scrum是这其中最常见的一种方法。当项目负责人喊出“迭代增量，小步快跑”这一口号时，他的意思是，将原来列出的项目任务书扔进垃圾桶，不再考虑了。原因是现在用户的需求变化太快，原来的计划缺乏时效性，不能再发挥其作用了。通过小步快跑的方式，迭代开发技术应用以满足客户需求是更好的选择。这些小应用可能不能够满足客户的全部需要，但是它们能够满足最核心的需求。它们应该具备简单易学的特点。如果效果好，那么我们就会对其进行优化，拓展其功能，如果运行效果不好也可以承受，毕竟我们的投入还不算很大。

虽然我们知道，上面所描述的情况不能百分之百地应用于大企业的数字化战略，但是敏捷编程方法的核心思想可以作为智能数据企业投资决策的指导性原则。我们不要尝试一次性转动技术的巨轮，我们应逐步去实现。哪些小项目最终能够带来预期的增值，在这方面也是遵循“二八法则”。

第 11 章
智能化地引进人才和开展培训——正确选择员工

先说一个好消息。对大多数企业来说，并不需要为了更好地使用客户数据信息而去新增雇用很多具备不同才能的员工。如果我们能够在现有员工中发掘合适的人才，去启动、推动、组建、控制智能数据流程，这就足够了。如果某个创新项目是通过追加雇用多名数据科学家和大量分析人员获得成功的，那也不明智。我们确实不需要这样。我们需要在企业内部组建一支先头部队，并组织外部资源给予其支撑。

对大多数企业来说，并不需要为了更好地使用客户数据信息而去新增雇用很多具备不同才能的员工。

让我们从企业人力资源管理的视角出发，去审视一下在智能数据流程中核心岗位的人员都需要具备哪些素质。

战略规划官

作为企业的战略规划官，首先要考虑企业需要借助数据解决哪些商业问题？在企业顺应智能数据流程的实践过程中，战略规划官需要组织协调同经营目标、潜在机遇和必要基础变动相关的重要部门。战略规划官需要有宏观眼光，但同时也需要有具体的实施计划。战略规划官也被称为企业智能数据流程的指挥官。

最适合这个岗位的自然是企业的董事或者总经理。企业战略规划官可以来自传统的战略规划部门，也可以是数据分析部门的负责人，在改革中，他们的理念可以实现与企业高层的高度协同。我们曾经结识某企业集团后备领导人中的一位佼佼者，他意识到了作为战略规划官所能获得的重大机遇，出色地完成了工作任务，最终使自己成长为年轻有为且最具执行力的复合型项目人才。

企业战略规划官必须同时具备三项核心竞争力：

☆ 在既有的经营模式下，战略规划官要能够出色地识别出当下以及将来的市场成功因素。

☆ 战略规划官需要将智能数据方案的实施步骤和逻辑内化于心。

☆ 战略规划官要理解，结果开放和以结果为导向并不矛盾，它们是数据项目中关键的试验步骤。

小结一下：企业战略规划官必须是具有现代化领导理念的管理者，能够识别出争取客户的机遇和数据技术，并且知道并不仅仅因为他是管理者，他的想法就是最正确的。

数据科学家

从智能数据流程的第二步起，我们便开始需要精通数据应用的同事们的辅助。这一类人才在市场上稀缺且昂贵，如果他们之中有人能够被纳入数据科学家的行列，那么就更稀缺、更昂贵了。

两年前，托马斯·达文波特在《哈佛商业评论》上撰文宣称，数据科学家是21世纪最性感的工作。他在同名文章中将数据科学家比作“新鲜出炉的面包”，他们不仅具有高深的分析及统计能力，而且对商业流程和经营模式有着深入的理解。正是由于具备这两项能力，使他们能够兼具IT人员和非IT人员的理解和表达能力，最终可成为最富价值的“金牌外交家”。在IBM，什么样的人才能被算作数据科学家？他们要能看懂数据库记录，在其他人还迷惑不解的时候，他们就已经看清了趋势。在博客中对数据科学家有这样的描述：“一半是分析师，一半是艺术家。”

我们希望每一个数字化企业够能拥有足够的、（在理想情况下）雇佣价格合理的数字科学家。在数字革命中，我们虽然不能说数据科学家是超级英雄，但是我们也不能否认，在数字化变革的每一个阶段，拥有数字技术和商业运营双重知识背景的数字化科学家都做出了极大贡献。在很多数字化项目中我们也发现，有的时候并不能找到一个现成的数据专家，而是需要去发掘或者组建数据团队，比如从IT部门或者从战略营销部门抽调人手，然后整个团队再坐下来一起分析数据。在IT部门和客户关系管理部门总是能够找到一些电脑科学家，他们即偏爱统计学和数学，又对经济领域有兴趣。对于这些“老面包”（与前文新鲜出炉的面包相对）来说，如果谁能够把他们从乏味的编程工作中解脱出来，那他们会很高兴的。如果有必要的话，对他们进行一些商业数据分析方面的培训，使他们能够探索性地处理数据，这样他们会更高兴。他们会去尝试曾经在最喜欢的大数据博客和专业论坛中接触到的东西。经验告诉我们，这批充满好奇心的IT人员一定会成为项目的主推力量，在新的项目中，他们也会忘我地去工作。

如果通过内部调配人员或者重新招聘仍然无法满足人力需求，我们也可以将某项特定工作承包给外部数据服务商。我们在使用数据外包服务（基本都是外包给专业化的咨询公司）的时候需要注意，外包服务商从一开始就接手一项任务，他们最终交出的结果不可以只是一份PPT材料。他们必须负责，以BOT（建设—运营—移交）的方式完成这项任务。这种任务执行方式不便宜，但是如果依靠企业内部能力无法完成，那么就必须采用这种方式。因为如果外包任务执行得不彻底，没有完整地解决数据方面的问题，我们在执行的过程中往往会面临失败。在这种情况下，分工合作就是正确的选择。企业内部IT部门负责抓取数据并将数据提供给外部数据服务商。服务商首先要开启智能数据流程，然后按照最优的标准分拣数据，再对往来数据进行聚类分析，最后再运行相关算法。在理想的情况下，外部数据服务商不仅仅提供统计分析结果，而是在与内部IT部门合作的过程中，也与企业内部人员共享认知。

在外部数据服务商将数据传回到企业内部后，正常情况下，企业内部人员将对数据进行处理，通常由IT或者客户关系管理部门接手。在此基础上，市场营销措施将被投放，并在过程中实现逐步优化。在此过程中我们需要注意，要保留足够的内外部数据专家队伍，以便能够持续性地对数据算法及市场营销措施进行改善。

在本书第三部分我们曾经提到过，我们主要是在市场营销和企业运营的过程中，实现了数据应用和措施的真正发展与转化。在智能数据流程的第四步，我们基于数据分析和聚类分析的结果，明确了某一产品的特性，然后考虑如何能使这些特性更好地适应客户的需求。这首先是对市场营销人员提出的要求，当然也需要企业战略规划人员、数据专家、客户关系管理专家以及智能数据团队中企业运营人员的协助支撑。在智能数据流程的第五步，即实践具体的市场营销措施，将有企业运营人员主导，其他人员辅助。

在智能数据流程的最后两步中，请教外部专家也是有意义的，比如如何有创意地组织宣传活动，或者如何设计客户“触点”。到目前为止大家都是这样做的。我们对内外部关系的理解也没有太多改变，在可能的情况下，我们只需要去寻求一个合作伙伴，它对数据驱动下的市场营销在行，并且比我们更了解市场营销文化层面的内涵。

但是从我们的经验来看，起决定作用的是：

☆ 智能数据团队必须要有一个非常有能力的项目经理，其自身必须具有数据分析实力，并且具有数字化变革的相关经验。

☆ 智能数据团队必须由一个变革管理经理主导，或设置一个变革管理小组，负责促进团队能够为了将来获得客户增值而协同作业，保障团队所做出的尝试和探索不受外界因素破坏。

项目经理

我们经常低估了在数据项目的项目管理方面的成本投入。大家普遍认为，由团队的企业战略规划官或者其他什么人兼顾一下项目管理工作就行了。这样做无论如何是不行的，除非这个人的本职工作特别清闲或者这个人对数据项目特别感兴趣。

在启动一个智能数据项目之前，所有的参与者都必须明白，人们是期待这个项目对整个企业产生拉动效应的。但是很遗憾，这也必然意味着要付出相对较高的协同成本。跨学科项目团队的成员来自许多不同的部门和领域，他们在互相磨合的过程中尝试新的事物。这在组织层面是十分复杂的。从短中期来看，协同成本不会降低，反而会升高，这是可以预见到的。原因是，当第一批项目获得成功后，又会有新的项目需要大家互相配合。经验表明，在这方面，项目经理的能力此时就变得十分重要了。企业战略规划人员、IT 人员、市场营销和销售的执行人员往往会在跨部门的沟通中出现问题，进而导致误会产生。误会很快就会演变成实际的冲突，这些冲突有可能会变得上纲上线，比如将引发的冲突归咎于智能数据项目上，认为这是智能数据项目的必然结果。

现实中是存在集专业能力与组织领导能力于一身的项目经理的，他们能够良好地解决冲突。在一个德国大型汽车制造企业的案例中，我们发现了这样的项目经理，同时也发现了一名女性变革管理经理。

变革管理经理

人们总是过高地估计了现存事物的价值，又过低估计了新事物的发展潜力。

人们总是过高地估计了现存事物的价值，又过低估计了新事物的发展潜力。这听起来像是陈词滥调，可是在企业中却经常发生。尽管呼吁改革已经是一个无所不在的口号了，但改革还是停留在口头上。在内心深处，我们会质疑，为什么要进行大规模的改革？虽然表面上表示拥护，但是从内心上，我们其实是在坐等某些改革走向失败。因为统计数据已经说得很明确，大约有 3/4 的数据项目都失败了。

对智能数据战略来说，糟糕的变革管理是最大的风险。

请给这句话画三次重点线！数字化变革有时因技术而失败，但大部分情况下是因为冲动。

如果想知道什么是优秀的变革管理，我们可以观察一下前文提到过的那位女性变革管理经理的做法。她帮助企业高层管理人员和项目负责人员建立起了对探索性改革的正确认识，使其能够在合适的时机做出正确的抉择并采取正确的行动。

具体情况是这样的：

☆ 高层管理人员用文字和对比数据明确表达了改革的必要性。同时也指出，如果现在不进行改革，企业将面临怎样的结果，总之都是不好的结果。

- ☆ 高层管理人员和智能数据项目团队从一开始就不知疲倦地沟通改革的意义和原因是什么。改革的目的，是更好地去了解客户，进而更好地去满足客户的需求。这种核心思想反复被强调，使每名员工都有所触动。大部分的员工都认识到，自己的一些行为可能不太合适。在企业的各个层面，以各种形式，开展这种批判式的自省。
- ☆ 有一些投资人和参与方，看起来与数字驱动下的市场营销没有太大关系，变革管理经理会持续性地组织他们参与到项目中。
- ☆ 当跨学科的项目团队中出现误解和冲突时，变革管理经理是时刻就位的。通过每一次调解，她逐步树立了自己调停人、中间人的角色与声望。她使智能数据项目团队越来越像是一个团队，对外可以取得良好表现，也可以吸引更多的人才。
- ☆ 她会定期或者不定期地向管理层和项目负责人通报近期取得的成绩及中期工作进展。
- ☆ 同时，她也会明确指出项目需要克服的障碍。
- ☆ 她还负责保证企业中的每一个人（是每一个人！）在任何时候，都可以找到一个项目成员，咨询项目的经验。

最终，这个企业根本不想让她离开了，而是希望长期雇用。但是她拒绝了，因为她更喜欢追求变化。

谁上了谁的哪条船?

想在智能数据项目中做出成绩的人，不应该“上任何一条船”，他们应该自己组建合适的“船”并驶向全新的彼岸。

这位女性变革管理经理给我们留下的最深印象，不是如何将变革管理的方法应用于企业实践，虽然这也很令人印象深刻。她最大的贡献在于转变了高层管理人员对改革的态度和认知。企业管理者总是认为现在已经决定了要发展智能数据战略，那么接下来我们就要去“组织人上这条船”。然而这位女经理让所有的管理者明白，正是他们这种自认为知道怎样做的态度，将导致改革的失败。

> 想在智能数据项目中做出成绩的人，不应该“上任何一条船”，他们应该自己组建合适的“船”并驶向全新的彼岸。

只有当企业管理层将这种态度内化于心时，企业战略才能够落地为探索性的改革，然后企业才能形成自学习机制，最终获得竞争优势。

SMART DATA

第五部分

赢得数据

SMART DATA

第 12 章
选择客户真正需要的数字化战略

公众众口铄金

2012 年 6 月 5 日，威斯巴登新闻处刊登了一篇不起眼的新闻稿，内容为德国哈索–普拉特纳研究所（Hasso-Plattner-Institut，简称HPI）和德国信用评估机构SCHUFA将联合启动一项名为“SCHUFALab@HPI”的社交媒体数据研究项目。报道称，该项目面临的工作难点，一是利用社交媒体数据进行研究的合法性，二是缺乏获取数据的技术手段。项目首期暂定三年。

然而三天后，HPI公开宣称将与SCHUFA解除此项合作。理由是公众对合作双方已经达成一致的研究方法存在误解，公众由此产生的反应行为是此项科研项目所不能承受之重，科研项目需要平静的研究环境。一则看似平淡无奇的新闻报道却激起了数据隐私保护主义者、政治家和网络社区的愤怒总爆发。德国执行严格的数据保护法只是导致这种情形发生的部分原因。究竟这其中发生了什么？

研究计划刚刚公布，公众对SCHUFA要提取哪些社交网络数据来评估用户信用情况的猜测就开始急速发酵。NDR（北德意志广播电台）援引内部文件称，研究脸谱网朋友列表、好友间的互动情况与个人信用评级之间的关联性，是遵循“物以类聚、人以群分”这种理念的。明镜在线的记者发表分析文章称，通过数据分析可以查明社交媒体上的意见领袖。通俗点儿说就是，如果有某种言论是发轫于网络的，且在一两天之内就占据了舆论的焦点，那么SCHUFA将会追踪全部的脸谱网页面文件，并且以某种标准搜索个人页面，就像国家安全局一样去判断哪个人是安全可信的，而哪个人不是。

一位SCHUFA发言人对此持反对意见，他明确说明，研究只会使用公开数据，符合数据保护法律的规定。但没有人会听信他的话。德国联邦司法和消费者保护部部长借此抨击了SCHUFA一直以来所谓的数据透明问题。最终，就连威斯巴登新闻处的顾问也对这个项目持反对态度。大家渐渐明白，像SCHUFA评级这种利用公开数据进行大数据分析的项目，在经济层面考虑可能是可行的。但是最终还是要依靠企业自身去探寻创新性地改善产品的可能性，在这一点上，社会化数据可能会

大数据分析的正当性是由公众来界定的，而不是那些搜寻并评估数据的人。换句话说就是，在大数据方面，公众有众口铄金的力量。

在统计层面做出一定贡献。但是，这样做并不是好的办法，因为合法的事情不一定正当。大数据分析的正当性是由公众来界定的，而不是那些搜寻并评估数据的人。换句话说就是，在大数据方面，公众有众口铄金的力量。

有时，一个新词的诞生也会打倒一个极富创造性和潮流感的产品，比如Glasshole[①]这个新词，即便是在这个产品还没上市时。现在如果有谁戴着谷歌眼镜走进酒吧，那么马上就会有人叫他Glasshole。事实上，谷歌眼镜作为增强现实技术应用于日常生活领域的先锋产品，早在 2013 年就应该面向大众市场销售，2014 年便可以席卷旧金山和纽约市场。但实际上，2015 年 1 月，谷歌公司最终拉动了这场图像灾难的刹车器，宣布停止向甄选客户销售谷歌眼镜，并称将以最快的速度通过产品的彻底改良来寻求一个新的开始。谁都不知道，将来谷歌眼镜还会不会以大众消费品的形态投放市场，还是仅仅只针对特定用户，例如飞行员、外科医生或库管员。

隐私精神分裂症

人类在某种程度上讲是一种矛盾的存在。他们会把数字化和使用数据发挥到极致，在这一点上，本书的三位作者也未能免俗，但与此同时，他们又会去抨击我们这个时代所具有的数字化病态现象。根据EMC Privacy Index（EMC隐私权指数）的最新结果及其他类似调查结果，至少有三种源于内心的分裂现象可以解释这种病态症状。

① 该词的编造是用于鄙视装腔作势的谷歌眼镜早期佩戴者。——编者注

第一种:“啥都想要”型

这种类型的人，作为普通公民和消费者，他们希望能够享受数字化世界带来的全部好处及便利，但又不想牺牲自己的隐私。但是有点儿数字化常识的人都应该知道，大部分的系统都必须使用我们的信息或者将我们与它们的信息相结合，才会顺利运转。

第二种:“无动于衷”型

这种人尽管知道数据保护和数据安全方面的风险点在哪里，但是他们却不会采取任何行动来规避这种风险，因为他们觉得去读懂并斟酌数据保护政策太费力，借助编码技术提高个人IT系统安全性也费力。对抗网络犯罪则需付出双倍成本，不仅会影响使用舒适性，还需要花费金钱。监管当局和企业太过看重使用舒适性，这正是导致数据保护缺失的元凶，他们需要更看重IT系统安全性。偏重使用舒适性这种态度对德国的影响可能比他国更甚。

第三种:“社会分享”型

在调查中，社会化媒体的使用者不断强调，他们有多么看重个人隐私。他们在脸谱网平台上呼吁对个人隐私设置更严格的保护措施。他们对社会化媒体的运营商的信任程度几乎为零。但同时，他们却也在不停地分享、分享再分享。他们中的大部分人会本能地、不止一次地去确认自己的朋友清单是不是公开可见的，比如确认他们的朋友圈信息是不是可被信用评价机构调用，但同时他们也会关注是否为了保护个人隐私而使自己的朋友圈信息石沉大海。

总结一下：在数字化空间中，我们总是强调信息是属于个人的，但是我们也知道，这基本不可能。“信息自决权”这个概念源于 1983 年德国的人口普查案判决，并直到今天仍影响着我们对数据保护理念的理解。我们感觉到，信息自决权这一法律概念拖延了数字化技术的应用进程，影响并限制了使用舒适性。但同时，我们又不愿意放弃对信息自决权的执着，也正是这种执着成就了来自石勒苏益格–荷尔斯泰因州的蒂洛 · 韦切特（Thilo Weichert）数据保护专家的英雄形象。

其实，始终存在一种错乱的感受，将我们引向自相矛盾的两个方向。我们对数字化现状的不满情绪是源于一种错误的认识，即有意义但又会影响使用舒适性的数据保护和数据安全措施并不能够给个人层面带来实惠。我们将这种不满情绪内化，继而就会对所有的商业化地使用个人数据信息的行为持有主观的普遍怀疑态度。

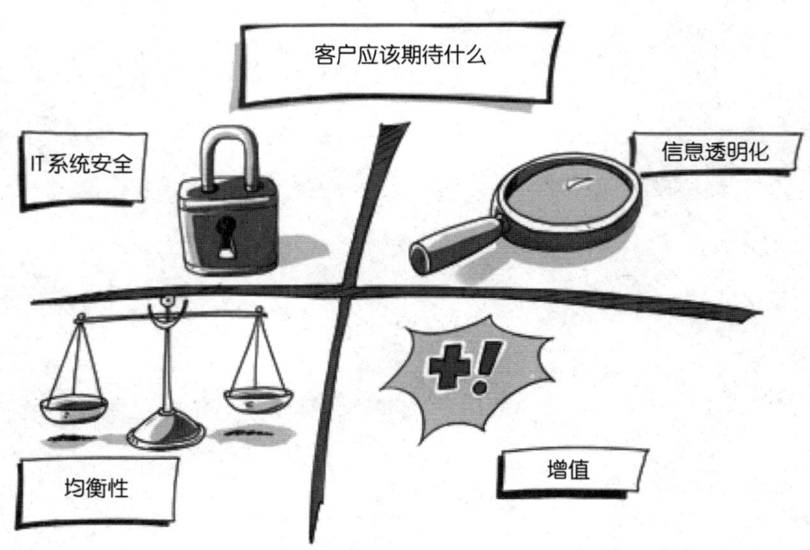

作为企业，我们可以选择对客户的数字化精神分裂现象表示遗憾，但同时对数字化持积极态度。我们也可以选择忽略客户的数字化精神分裂问题，抱着侥幸心理以激进的态度去使用数据。或者我们也可以尝试尽量去弱化这种自相矛盾，以及系统性地消弭这种错乱的感受。

透明的“数据章鱼”？

三年前，在《我们的数据》一书中，我们首次阐述了所谓“信息质量验收合格”的概念，跟美国的“Nutrition Labels”营养标识和“Trusted Webshop”信任标志的道理是一样的。这些由独立可信的数据监督委员会出具的质量标识可以让用户从复杂的数据保护问题中解脱出来，并且可以使通过技术手段完成数据使用许可管理成为现实。

跨越数据保护的障碍，建立受客户欢迎的数据库，这种在当时看来大有前景的想法后来并未成为现实，它因技术过于复杂等原因湮灭在飞速增长的App洪流中。但其实核心问题在于：

> 企业怎样能够实现在使用客户数据的同时，还让客户对此感受良好。至少，别有矛盾情绪。

解决问题的关键是掌握好平衡，处理好以下三方面的关联关系：

☆ 客户数据使用的强度和频率；

☆ 透明度，使用了哪些数据以及是如何取得这些数据的；

☆ 增值，通过数据使用为客户创造了哪些增值。

以上这三方面的关联关系是显而易见的：一家企业为其商业目的使用的客户数据越多，就需要提供越多的透明度，同时也要为客户创造越多可感受到的增值。多年来，很多企业内部负责数据保护的人员都在倡议，通过采用“商业智能仪表盘”[①]解决方案来提升客户信息使用透明度。通过表格的方式尽量增强说服力，客户可以从“个人仪表盘”中看到，企业存储了他个人的哪些数据，存储了多长时间。理想情况下，企业还可以告知客户，它们使用这些数据的原因。但是，让人觉得悲哀的是，在德语区范围内，几乎没有一家企业构建起了类似的解决方案。作为一家德国企业，他们错失了一个声名鹊起的机会。这种现状是无法持久的。

在数据透明度方面走在市场前列的恰恰是那些美国公司，它们在过去数年间被认为是“数据章鱼”而饱受诟病。至少谷歌和脸谱网非常清楚，客户的这种数字化精神分裂现象以及伴随而来的错乱感受会危及企业的商业模式，更确切地说，这种情况愈演愈烈。这两家数据巨头企业均是采用信息化工具来应对这种情况。谷歌几乎自始至终都采用的是谷歌信息中心（Google.com/dashboards）功能，通过使用这个功能，用户可以看到其使用全部谷歌工具的使用数据，其中也包括已存储的位置数据，谷歌信息中心还为客户提供

① business intelligence dashboard的简称，展示度量信息和关键业务指标现状的数据虚拟化工具。——译者注

了下载这些数据的功能，此外，客户也可以选择删除这些数据。脸谱网在这方面也逐步有所发展，在账户设置项下已经可以提供数据导出功能，并且还让用户知晓，脸谱网算法会抓取哪些关键词用于判断是否需要推送广告。苹果公司在很早之前就宣称，其在保护客户隐私及数据安全方面具有竞争优势，并且强调自己跟其他公司不一样，不靠卖具有广告价值的信息存活，而是凭借销售电子设备和数字化内容实现发展。

我们需要阐述一些观点来防止新的误解产生。我们不想让大家留下一种印象，就是我们认为这些来自美国西海岸的数字化先驱企业采取的这些措施就已经足够了。但是需要注意到的是，最晚从斯诺登事件之后，这些企业不再相信“个人隐私时代的终结”这种观点，他们逐步认识到：

> 企业如果想要使用客户数据信息，之前必须要获得“权利许可”。

这是一种行事态度。这种态度塑造了真正智能化地使用数据的核心理念，因为这种态度可以引导企业去制定真正受到客户欢迎的数字化战略及数据应用方案。正是这种态度，确切地说，也只有这种态度才能使企业通过使用数据而更加贴近客户。从长期来看，也只有秉持这种态度，企业才能够按照期望的速度实现数字化变革。

正如我们在本书第三部分已提到的，我们将这种态度称为：

> 赢得数据。

赢得数据

“赢得数据”这一概念首次出现于 2013 年夏季，正值“斯诺登事件”的高潮期，当时这个概念在内容上还有些模糊。这一概念当时在欧洲并没有引起反响，在大西洋另一岸的美国也逐渐被人遗忘。很遗憾。让这个切中本质的概念发展成能够为智能数据企业所用的行动指南仍然需要时间。

以下是我们的建议：

在获得许可使用客户信息之前，智能数据企业首先应该问自己，为了给客户创造增值，我们到底需要哪些数据？德国数据保护法是基于“数据最小化”原则（Datensparsamkeit）。在这一点上，技术的发展水平已经超越了法律的界定。然而，赢得数据这一概念却很好地顾及到了对数据使用平衡性的需求，这是与现下流行的大数据方法最重要的区别。

考虑到数据使用的平衡性需求，智能数据企业不会存储与客户价值提升无关的客户信息。

大数据方法是要尽可能多地搜集数据，然后把这些数据汇集在一起，然后再启动算法，希望通过此种方法发现对数据使用企业来说有价值的认知。“赢得数据”的方法不追求量，而是要找到真正有用的数据。客户有意识且乐于分享这些数据是因为客户明白，“赢得数据”是一个能够实现互惠的方法，企业使用客户数据是从客户利益出发的，也只有通过这样的方式，才能够提高理性客户的长效客户价值。

考虑到数据使用的平衡性需求，智能数据企业不会存储与客户价值提升无关的客户信息。企业的IT系统也会据此来设置，不会无端地诱引客户给予数据使用许可。

我们应该如何理解对客户有利、为客户创造增值呢？

系统地来看，为客户创造增值分为四个相互联系的层面，分别是折扣、更优的产品、有针对性的营销沟通以及合宜的咨询。

1. 折扣

客户分享给我们数据，我们为客户提供折扣或者赠品。只要我们制定好游戏规则并且坚持履行承诺，那么这就是一个公平的交换。带有优惠券智能调控功能的动态折扣系统拥有很好的前景。这种系统不应该设计得太复杂，否则它就无法显示其为客户创造增值的作用了。

2. 更优的产品

通过使用客户信息，航空公司可为客户提供更好的航线产品，电信和手机供应商可以优化上网容量，通过使用匿名患者信息，医药公司可研发出疗效更好的药品。事实情况就是这样，而且大部分的客户都会从中获益。通过使用赢得数据，金融服务行业可以为个人开发出量身定制的产品，而不再是普遍性销售的产品。体育用品生产商可以根据跑步俱乐部的数据，优化运动鞋的减震功能，体育用品经销商参考客户会员卡上的信息，可以很快知道客户适合哪种运动鞋。如今，大部分领域的产品创新都需要数据的支撑，分享一部分个人数字化信息，以此为产品研发贡献出自己的一分力量，大部分客户对此都持积极态度，只要他清楚，他的个人信息被用于做什么。而恰恰是在“让客户清楚他的个人信息被用于做什么”这一点上，大部分企业做得不到位，因此，对那些真正以客户为中心且希望获得客户信息使用许可的企业来说，还大有机会。

3. 有针对性的沟通及广告

如以适当的形式呈现，广告也可以成为人们所需要的信息。在20 世纪 60 年代，“万宝路牛仔”广告形象的缔造者里奥 · 贝纳（Leo Burnett）就提倡这种观念。具有数字化理念的市场营销人员也坚持秉持这种观念，他们会跟踪我们购买的商品数周之久。正如我们在网络社交媒体渠道中认识到的，定向广告的存在是具有合理性的。当广告具有正确的内容，并推送给了合适的人群，此时广告就可以成为人们需要的信息。看一下现状，其实我们离定向广告真正想要达到的目标还有很远，但是人们已经被广告搞得不胜其烦。我们很难理解，为什么当领英网站的算法已经先进到可以发掘哪怕是在1994年或1995年互为同窗间的两个人如今已经很微弱的关联，但我们却还在被“定向”垃圾电子邮件所困扰，比如发邮件通知我们可以免费尝试订阅一个月。

现在的问题是，很多数字化宣传手段正在穷尽数据分析的全部可能性，又演变成了批量化营销，数字化市场营销的低成本最终导致市场营销人员过度消费了客户的关注度。因不停向客户询问需求而引起客户不满的限度值被忽略了，或者至少是低估了突破限度的影响。什么东西只要一批量化，就意味着不珍贵、不重要，批量化会导致适得其反，影响数字化市场营销最终目标的实现。

在微观营销中，我们能够看到做出调整的重要性：

- ☆ 只跟客户说最需要的内容，说最有可能让客户感到惊讶或者欣喜的内容。在可能的情况下，当宣传手段引起客户负面反应时，比如持续性走神，我们需要记录下这一情况，并有所调整。
- ☆ 向客户询问需求的合适频率也是数据分析工作的一部分。不能因为某一个客户符合宣传工具中设置的客户选择标准，我们就用广告轰炸这个客户。我们必须确认这个客户是愿意接收这一广告信息的，至少需要确认给这个客户发送广告信息不会引起他的抵触情绪。

☆ 在微观交流中实现增值的意思是，可以不动声色地向客户营销某种产品，这时，广告就真正变成了对客户有用的信息了。

在过去的几年，批量化地使用定向销售手段引起了很多客户的反感。这样做的代价是，本来就很缺乏的客户有效关注变得更少了。

编程化广告是对广告手段的优化，我们可能之前对这些广告手段有错误的认识，或者这些广告手段从长远来看不会产生效果。智能数据化的市场营销人员有这样一个共识，在重要的市场营销交流中，有的时候“少”才意味着“多”。一些认真投入的营销交流，比数百万所谓定向发送的陈列式广告或者电子邮件都有效，这些陈列式广告或者电子邮件可能只需一秒钟就会被人们扔进垃圾邮件箱。我们承认，在这种批量轰炸询问客户需求的过程中，有时可能也会孕育出一些有效的营销交流。但仅是这样，我们的目的就达到了吗？当市场营销人员走上了批量宣传的弯路，请考虑一下这种方式的附加恶果。每一个不想被批量广告困扰的消费者，此后可能都不会再愿意分享他们的客户信息了，他们会定期清空浏览记录，会去下载广告拦截程序，对广告的抵触情绪也将持续发酵。

编程化广告是对广告手段的优化，我们可能之前对这些广告手段有错误的认识，或者这些广告手段从长远来看不会产生效果。

4. 合宜的咨询

一个在线酒店预订平台的欧洲区负责人曾这样形容对中介工作的质量要求："在酒店中介这个行业，检验真理的时刻，就是客户打开酒店房门的那一刻。当客户看到房间后，如果他发现这间房间正合他意，他就会觉得中介给予了他良好的咨询服务。如果我们能够经常让客户产生这种感受，那么他们就会愿意与我们分享更多个人信息，因为他们会觉得，如果让我们多了解他们一些，他们也会从中受益。"

在这个例子中，这家数据巨头企业的咨询工作是通过推荐算法程序完成的，这是这家企业的独到之处。这位负责人在谈论推荐程序的时候，仿佛是把这个程序当作一个人来对待。我们对这位负责人的这种态度很感兴趣，但同时也或多或少对没有掌握像这家酒店预订平台数据规模的企业感到担忧。在智能数据冠军企业中，一般是有血有肉的人在从事数据分析工作，以期能够在与客户的交流过程中提供更好的咨询服务。这其中就涉及一个咨询服务质量的问题，在这方面，算法程序是不可能代替人工的。在尼曼或者梅西百货这种美国连锁百货企业中，去熟悉某个客户的购买记录，是每个个人购物顾问的分内工作。公司的系统会给出一些建议，比如这个客户可能更感兴趣的商品，但是个人购物顾问也不能拘泥于这些系统建议。在任何一次咨询沟通中，都不可以将根据客户关系管理系统逻辑产生的建议直接推送给客户，而是需要将系统分析结果与客户购物体验相结合。只有这样，才能提高客户分享个人信息的积极性，就像在上述酒店预订平台案例中描述的那样。

后NSA时代的人

我们在一些极端的案例中总是能够学到些什么。不久前，柏林的连锁超市Kaiser推出了纯匿名会员卡。想办理这种会员卡的客户，既不需要透露姓名，也不需要登记邮件地址、付款数据或者星座之类的信息。他们在办理过这个会员卡之后，仅需妥善保管，在柜台结账的时候出具卡片，就可以获得购物积分。这种会员卡为客户带来的好处是很直观的，持卡客户会经常获得礼物，有时直接在柜台就可以领取。比如，购物满 30 欧元，可以获赠巧克力棒，如果购物超过 200 欧元，可以获赠巧克力棒子酱。奖品的价值一般都在购物金额的 1%以上。对比一下，客户如果使用Payback卡（Payback是德国境内最大的返利计划，客户在加盟商户消费，出具Payback卡可以获得积分），在共享消费数据的基础上，一般消费 400 欧元才可以获得 2 欧元的优惠券。

此外，这种匿名会员卡还有很多好处。匿名客户携带着这种会员卡经过商店入口区域的读取设备，系统就会根据这个客户的购买记录，赠予他很多适合他的折扣券。德国《经济周刊》认为这种匿名会员卡是适合后NSA（美国国家安全局）时代客户的忠诚度管理形式。这个案例说明，在对客户关系进行维护的过程中，我们并不是非得知道客户的真实姓名。但是，我们必须诚实地补充说明一下，如果一个客户忠诚度管理形式是以匿名客户号码为基础的，那么这种形式是不具备多渠道发展潜力的。对一些具有多渠道发展战略设想的贸易公司来说，匿名会员这种形式没有意义，因为我们不能给一个匿名客户号码寄送包裹或者宣传折页。但是这种匿名会员的形式却可以很好地化解客户的抵触情绪，客户再也不会觉得自己被暗中分析或者自己的付出与回报不成正比了。

获得匿名信息显然比获取私密信息容易。智能数据冠军企业要认识到这种差别，也要系统性地探究这其中的机遇。如果确实需要在获得客户许可的前提下使用客户个人信息以优化客户关系，那么使用数据的企业还要面临两个挑战，一是数据安全问题，二是数据消除问题。

客户的数据属于客户，不属于企业。客户许可企业去使用他们的客户信息也应该是有时限的。

企业获得客户信息的前提是企业能够妥善保管信息。面对网络犯罪，可能绝对的数据安全是不存在的，但肯定是那些在数据安全方面存在技术漏洞的系统，更容易被数据盗窃者盯上。在过去一些年中发生的数据安全事故大多是这种情况，因此我们说，在数据安全方面缩减投入是不明智的。事实证明，如果在数据安全方面出现问题，基本不会获得客户的原谅。

在本书的最后，我们需要再重申一下：客户的数据属于客户，不属于企业。客户许可企业去使用他们的客户信息也应该是有时限的。反过来说就是，客户可以随时、在不受到任何技术障碍阻碍的情况下，删除他的全部客户数据。

全新模式

前面所说的这些，总结起来是什么意思呢？

数字化变革为客户提供了全新的模式。在这套新的模式中，决定性的问题不再是，有三个品牌，客户最喜欢哪一个。而是当客户站在超市货架前，会不自觉地被其中某一个品牌吸引，却浑然不知这是为什么。智能数据时代的模式围绕的是一个问题，即在哪家企业面前，客户会不假思索地分享自己的客户信息。

或者更加形象的描述就是：

在哪家企业面前，客户会自觉将数字化的“滑动变阻器”向右滑动？客户这样做不是因为他必须这样做，而是因为他知道这样做对他有好处。并且，客户不会有抵触情绪，因为在数字化驱动的市场营销环境中，“赢得数据”理论已经化解了客户的矛盾心理。客户获得的益处越多，体验就会越良好。

只有这样，才能够孕育出既对企业有益，又受客户欢迎的数字化战略。